Maria da nossa fé

Coleção Arte e Mensagem
- *Com Maria, a mãe de Jesus* – Dom Murilo S. R. Krieger
- *Deus: Pai, Filho e Espírito Santo* – Frei Luiz Carlos Susin
- *Diálogo com a Trindade* – Ir. Gertrude Marques
- *Ele está no meio de nós*: meditações pascais – Valter Maurício Goedert
- *Maria da nossa fé* – Dom Edson de Castro Homem
- *Maria, símbolo do cuidado de Deus*: aparição de Nossa Senhora em Caravaggio – Leomar Antônio Brustolin
- *Natal brasileiro* – Rômulo Cândido Souza e Cláudio Pastro
- *Santa Teresa do Menino Jesus* – Carmelo de Lisieux, Carmelitas São José
- *Verso e reverso* – Maria Dinorah Luz do Prado e Beto Prado

Dom Edson de Castro Homem

Maria da nossa fé

Dados Internacionais de Catalogação na Publicação (CIP)
(Câmara Brasileira do Livro, SP, Brasil)

Homem, Edson de Castro
    Maria da nossa fé / Edson de Castro Homem. – São Paulo : Paulinas, 2007. – (Coleção arte e mensagem)

    Bibliografia.
    ISBN 978-85-356-2145-7

    1. Maria, Virgem Santa – História das doutrinas 2. Maria, Virgem Santa – Teologia I. Título. II. Série.

07-8902   CDD-232.91

Índice para catálogo sistemático:
1. Virgem Maria : Teologia dogmática cristã   232.91

Citações bíblicas: *A Bíblia de Jerusalém*. São Paulo, Paulus, 2000.

Direção-geral: *Flávia Reginatto*
Editora responsável: *Vera Ivanise Bombonatto*
Copidesque: *Anoar Jarbas Provenzi*
Coordenação de revisão: *Marina Mendonça*
Revisão: *Monica Elaine G. S. da Costa e Jaci Dantas*
Direção de arte: *Irma Cipriani*
Gerente de produção: *Felício Calegaro Neto*
Produção de arte: *Manuel Rebelato Miramontes*

Nenhuma parte desta obra poderá ser reproduzida ou transmitida por qualquer forma e/ou quaisquer meios (eletrônico ou mecânico, incluindo fotocópia e gravação) ou arquivada em qualquer sistema ou banco de dados sem permissão escrita da Editora. Direitos reservados.

Paulinas
Rua Pedro de Toledo, 164
04039-000 – São Paulo – SP (Brasil)
Tel.: (11) 2125-3549 – Fax: (11) 2125-3548
http://www.paulinas.org.br – editora@paulinas.com.br
Telemarketing e SAC: 0800-7010081

© Pia Sociedade Filhas de São Paulo – São Paulo, 2007

Sumário

Prefácio (Cardeal Dom Eusébio Oscar Scheid) 9

Introdução 11

I. Maria na promessa da salvação 13
   1. No livro do Gênesis 14
   2. No livro do profeta Isaías 17
   3. No livro do profeta Miquéias 18
   Conclusão 19
   Questionário 20
   Oração 21

II. Maria na relação com Deus 23
   1. A relação de Maria com Deus-Pai 24
   2. A relação de Maria com Jesus 26
   3. A relação de Maria com o Espírito Santo 27
   Conclusão 29
   Questionário 30
   Oração 31

III. Maria no itinerário da fé 33
  1. Maria diante da encarnação,
     do nascimento e da infância de seu Filho 34
  2. Maria diante da vida pública de seu Filho 36
  3. Maria diante da cruz de seu Filho 39
  4. Maria e o crescimento na fé diante da ressurreição 42
  Conclusão 45
  Questionário 46
  Oração 47

IV. Maria na Tradição viva da Igreja 49
  1. Maria é Mãe de Deus 50
  2. Maria é sempre virgem 51
  3. Maria é imaculada 56
  4. Maria é glorificada 58
  Conclusão 60
  Questionário 60
  Oração 61

V. Nosso culto a Maria 63
  1. Maria está inserida no culto cristão 64
  2. Maria é honrada na Liturgia 65
  3. Maria é honrada na devoção 68
  Conclusão 71

Questionário 72

Oração 73

VI. A veneração das imagens de Jesus, de Maria e dos santos 75

1. O Antigo Testamento proíbe as imagens 76

2. A Igreja venera a imagem de Jesus 79

3. A Igreja venera a imagem de Maria e dos santos 81

Conclusão 83

Questionário 84

Oração 85

VII. Maria, Estrela da Evangelização 87

1. Revelações particulares e lugares de peregrinação 89

2. As aparições de Nossa Senhora de Guadalupe 92

3. A imagem de Nossa Senhora da Conceição Aparecida 98

Conclusão 102

Questionário 103

Oração 104

Consideração final 105

Fontes de consulta 107

Prefácio

O presente livro tenciona reforçar nosso culto à Mãe do Redentor, ressaltando pontos-chave da Teologia Marial. O autor, nosso caro Bispo Auxiliar Dom Edson de Castro Homem, laureado em Teologia Espiritual e Filosofia, procura evitar dois percalços: a minimalização em nossa veneração a Maria e alguns exageros que tentam ensombrar o genuíno relacionamento de nossa devoção para com ela.

Tendo esse objetivo em mente, Dom Edson percorre, com escrupulosa fidelidade, os passos mais importantes da Palavra Revelada, da Tradição, da Mariologia e da Pastoral. Dessa forma, é passado ao crivo de uma séria reflexão teológico-pastoral o itinerário da fé da Sempre Virgem, desde o primeiro "sim" na Encarnação, até o último, na consumação de sua proximidade com Jesus Salvador, como Mãe solícita de todos os "irmãos de seu Filho": nos momentos de delicadeza humana e nas intervenções, por vezes até miraculosas, em favor da Redenção dos humanos. Ela, assim, é contemplada e descrita como quem ocupa "o lugar mais alto depois de Cristo e o mais perto de nós" (*Lumen Gentium*, 54).

Na esteira dos ensinamentos dos Papas Paulo VI e João Paulo II, percorre o itinerário sublime do crescimento na fé daquela que foi declarada feliz porque creu (cf. Lucas 1,45) e que nos convida a segui-la "abstendo-nos do falso exagero e da demasiada estreiteza de espírito" (*Lumen Gentium*, 67).

O culto a Maria, na vida da Igreja, é demonstrado a nós em todo o seu esplendor através de um caminho seguro, retilíneo, guiado pelo sopro do Espírito Santo, aclarando a veneração das imagens de Cristo, de Maria e dos santos e santas, diante das acusações infundadas, rasteiras e até ofensivas à genuína fé. Temos em Maria um modelo a seguir, uma esperança que desponta, com crescente clareza, da reluzente "Estrela da Nova Evangelização" (Paulo VI, João Paulo II).

O caríssimo colaborador Dom Edson procura trazer a veneração mariana bem próxima à realidade de nosso povo, através dos sólidos fundamentos da Mariologia e da Pastoral. Ficamos-lhe profundamente agradecidos por mais este serviço prestado à Igreja e ao nosso bom povo de Deus. Deus o recompense!

† *Cardeal Dom Eusébio Oscar Scheid*
Arcebispo Metropolitano do Rio de Janeiro

Introdução

Entrego esta obra a todos aqueles que desejam conhecer o conteúdo da verdade sobre Maria, a Mãe de Jesus, conforme professamos em nossa fé.

A devoção mariana constitui uma admirável riqueza da nossa fé. Maria de Nazaré ocupa um lugar especial no coração do povo brasileiro. Esta obra tem como objetivo mostrar o verdadeiro lugar de Maria na história da salvação. Daí o título: *Maria da nossa fé*.

Além da leitura pessoal, servirá como roteiro de temas de estudo. Sua utilização criativa há de favorecer sacerdotes, diáconos e lideranças leigas que desejem promover cursos marianos de aprofundamento e de atualização.

Para servir à leitura e ao estudo em grupos, cada capítulo é concluído com um pequeno questionário facilitador do debate e da fixação do conteúdo. Para promover a espiritualidade de quem estuda e aprende, há também uma oração mariana com a qual se pode concluir a leitura pessoal ou o estudo em grupo.

Sou muito grato a *Dom Eusébio Oscar Scheid*, em grande parte responsável pela execução do projeto, devido ao convite, estímulo, às sugestões, correções e contribuições ao texto, além do prefácio que aceitou fazer.

Ofereço a obra ao estimado Padre *Félix Pastor*, teólogo jesuíta, orientador de meu doutoramento em Espiritualidade, pelo dedicado serviço ao ensino da Teologia na Pontifícia Universidade Católica do Rio de Janeiro e junto aos estudantes do Pontifício Colégio Pio Brasileiro, em Roma.

Maria
na promessa da salvação

São Paulo diz que "o mistério oculto em Deus" (Efésios 3,9) ou o "mistério de Deus" (Colossenses 2,2) foi revelado por Jesus Cristo. O mistério inclui o plano de nossa redenção e salvação em Cristo, no Espírito Santo (cf. Efésios 1,3-14). A revelação desse plano está na Palavra divina, contida nas Escrituras e na Tradição viva da Igreja.

Maria, a Mãe de nosso Salvador, faz parte, de modo especial, do plano de nossa salvação. Por isso, Deus também revela o mistério ou a verdade sobre Maria. Ela está presente, sempre unida ao mistério de Jesus, nas Escrituras e na Tradição viva da Igreja. Daí decorre que sempre precisamos ouvir e acolher o que Deus tem a nos dizer sobre Maria.

No Antigo Testamento, há muitos textos sobre a promessa de nossa salvação no Messias, o Cristo. Vamos acompanhar três textos que relacionam a Mãe com a missão salvífica do seu Filho: Gênesis, Isaías e Miquéias.

1. No livro do Gênesis

O primeiro livro da Bíblia descreve a criação do mundo, do homem e da mulher através de duas narrativas simbólicas (cf. Gênesis 1; 2). A seguir, descreve a queda que Santo Agostinho, muito depois, chamou de *pecado original* (cf. Gênesis 3). A narrativa também é simbólica.

Através das simbologias, tanto a criação quanto a queda dizem a realidade. Deus criou tudo bom, fruto de seu amor, de sua sabedoria e de sua liberdade. Devido à tentação do diabo, o homem e a mulher pecaram pelo orgulho e pela desobediência, usando a liberdade para o mal. Como conseqüência, eles perderam a amizade divina, isto é, a graça santificante que os tornara filhos de Deus e herdeiros da felicidade eterna. Tal perda trouxe outras graves e trágicas conseqüências para toda a criação, especialmente o sofrimento e a morte. Por isso, o mundo, o homem e a mulher necessitam de um Salvador para o tempo e a eternidade.

No instante da perda da graça, Deus vem ao encontro de nossos primeiros pais e promete-lhes a salvação enquanto ameaça o tentador:

> Porei hostilidade entre ti e a mulher,
> entre tua linhagem e a linhagem dela,
> ela te esmagará a cabeça
> e tu lhe ferirás o calcanhar.
> (Gênesis 3,15)

Esse é o primeiro anúncio da salvação. Daí o texto ser chamado de proto-evangelho. A mulher é a mãe do Messias-Salvador. Sua linhagem é o Cristo Jesus que esmagaria a cabeça da serpente, isto é, venceria o espírito do mal.

No quarto Evangelho, Jesus chama sua Mãe de "Mulher" ao indicar-lhe sua missão na história da salvação. Nas bodas de Caná, ele diz: "Que queres de mim, mulher? Minha hora ainda não chegou" (João 2,4). Depois, quando chegar a hora de nossa redenção, Jesus dirá: "Mulher, eis o teu filho!" (João 19,26).

Desse modo, reconhece que ela é a nova Eva que, unida a ele, o novo Adão, participa da inimizade na luta contra o mal que foi predita no livro do Gênesis. De Adão e Eva nos vêm o pecado e a morte, pela desobediência. Da obediência de Maria nos vem o Salvador. Da obediência do Salvador nos vêm a remissão dos pecados e a vida nova da graça e da eternidade feliz.

Portanto, há íntima relação entre Maria e Jesus, sua linhagem ou descendência, entre a missão salvífica do Filho e a colaboração da Mãe. Isso explica por que muitas imagens de Nossa Senhora são esculpidas ou pintadas com um dos pés esmagando a cabeça da serpente.

O cumprimento do Gênesis se inicia em Cristo, nascido de Maria (cf. Mateus 2,11; Lucas 2,4-7.16-19). Realiza-se em sua paixão e morte, das quais Maria participa com intensidade, ao permanecer de pé perto da cruz (cf. João 19,25). Completa-se e chega ao máximo com a ressurreição de Jesus e o envio do Espírito Santo sobre Maria e os apóstolos, sinais da plena vitória sobre o pecado, a morte e o antigo Inimigo (cf. João 12,31; 16,7-11; Atos 1,14; 2,1-4).

São Paulo declara que "a morte foi absorvida na vitória" (1 Coríntios 15,54). Por isso, ele dá graças a Deus, "que nos dá a vitória por nosso Senhor Jesus Cristo" (1 Coríntios 15,57). Tem a coragem de desafiá-la: "Morte, onde está a tua vitória? Morte, onde está o teu aguilhão?" (1 Coríntios 15,55). Com a mesma convicção, o vidente do Apocalipse afirma que Deus faz novas todas as coisas, inclusive a morte (cf. Apocalipse 21,5). Ela se torna o meio de encontrar o mistério definitivo da vida. Trata-se da vida plena, a experiência de que

> Ele enxugará toda a lágrima dos seus olhos,
> pois nunca mais haverá morte,
> nem luto, nem clamor, nem dor,
> pois as coisas antigas se foram.
> (Apocalipse 21,4)

Meditando na vitória de Cristo, quem crê e espera pode superar o medo da agonia e da morte. Sabe que vai ao encontro de Deus. Supera também o medo de enfrentar as incertezas e as dificuldades, as decepções e as provações da vida terrena. Sabe que Deus lhe reserva um reino de paz e de felicidade conforme a promessa de Jesus: "Alegrai-vos e regozijai-vos, porque será grande a vossa recompensa nos céus" (Mateus 5,12).

Além da morte física ou natural, Jesus "morreu para o pecado uma vez por todas" (Romanos 6,10). Desse modo, ele nos livrou da morte moral, o pecado, cuja conseqüência é a definitiva separação de Deus. Por causa da Redenção, é possível vencer o pecado com o auxílio da graça e transformar o remorso em arrependimento e conversão, e reparar o mal com o bem ou com o desejo de agradar a Deus, mediante a caridade, à semelhança do óleo derramado pela pecadora da qual disse Jesus: "Seus numerosos pecados lhe estão perdoados, porque ela demonstrou muito amor" (Lucas 7,47). Nessas questões decisivas que envolvem mudanças de atitudes e de orientação da vida, Maria Santíssima será sempre invocada como sendo nosso Refúgio e Advogada. Assim nos lembra o teólogo:

> O olhar angustiado que o pecador volta para Maria o livra do mal. Ela é a *advocata nostra*, nossa advogada, aquela a quem chamamos nos momentos de angústia. Ela é nossa vida, nossa doçura e nossa esperança! (Schillebeeckx).

2. No livro do profeta Isaías

Isaías é quem melhor projetou em linguagem profética a atividade e a missão do Messias. Por isso, ele é muito lido na Liturgia Católica, especialmente no Tempo do Advento e da Quaresma, e mesmo durante o Tempo Comum. Em breve texto relaciona a realização da esperança com a concepção e o nascimento de um menino:

> Sabei que o Senhor mesmo vos dará um sinal: Eis que a jovem concebeu e dará à luz um filho e pôr-lhe-á o nome de Emanuel (Isaías 7,14).

O evangelista Mateus interpreta o texto de Isaías como profecia do Messias, quando descreve o sonho de José com as seguintes palavras:

> Tudo isso aconteceu para que se cumprisse o que o Senhor havia dito pelo profeta: *Eis que a virgem conceberá e dará à luz um filho e o chamarão com o nome de Emanuel*, o que traduzido significa: "Deus está conosco" (Mateus 1,22-23).

A tradução grega de Mateus diz *virgem* para realçar a concepção virginal de Jesus, já que o hebraico a chama de *donzela* ou *recém-casada*. Essa escolha reproduz a fé, desde o início, na virgindade de Maria e, portanto, na concepção virginal de Jesus.

O texto de Mateus indica que não podemos pensar o mistério de Cristo sem relação íntima com o mistério de sua Mãe. Ao esperar seu Filho, Maria concretiza a esperança e a expectativa profética. Assim sendo, por ela também se realiza a promessa que, como nós vimos, estava presente no primeiro anúncio da salvação no Gênesis.

3. No livro do profeta Miquéias

Miquéias fala do espaço e do tempo do nascimento do Messias. Diz o nome do lugar onde ele nasceria. Indica, mas sem precisão, o tempo que a parturiente daria à luz. Tal referência à mãe evoca ou relembra a profecia de Isaías:

> Mas tu, (Belém) Éfrata, embora o menor dos clãs de Judá, de ti sairá para mim aquele que será dominador em Israel. Suas origens são de tempos antigos, de dias imemoráveis. Por isso ele os abandonará até o tempo em que a parturiente dará à luz (Miquéias 5,1-2).

A alusão à parturiente é uma clara indicação da mãe do Messias. Segundo Lucas, a profecia se cumpre, pois José com Maria, que estava grávida, subiu à cidade de Belém, onde se completaram os dias do parto (cf. Lucas 2,4-6). Também Mateus cita o texto de Miquéias ao descrever a visita dos Magos, quando o rei Herodes indaga aos sacerdotes e aos escribas onde haveria de nascer o Cristo:

> Eles responderam: "Em Belém da Judéia, pois é isto que foi escrito pelo profeta: *E tu, Belém, terra de Judá, de modo algum és o menor entre os clãs de Judá, pois de ti sairá um chefe que apascentará Israel, o meu povo*" (Mateus 2,5-6).

Conseqüentemente, no parto de Maria se concretiza a profecia do Cristo, Messias e Pastor. A sensação de abandono terá fim graças ao novo pastoreio que se vislumbra. É evidente a íntima relação entre a missão do Filho e o mistério da Mãe.

Conclusão

Pelos textos citados, a Palavra de Deus na Antiga Aliança, quando interpretada à luz da Nova Aliança, nos atesta que a profecia se realizou e a promessa foi cumprida. Aliás, é sempre através da revelação cristã que lemos e interpretamos o Antigo Testamento como realização e cumprimento. Através de Maria, cumprem-se as promessas da vinda do Cristo Salvador ao mundo.

Conclui-se que só falamos bem ou adequadamente de Maria em referência a Jesus. Quer dizer: tudo em Maria se refere a Cristo. Dela se pode dizer que está ou vive em Cristo, segundo o modo de expressar de Paulo: "Se alguém está em Cristo, é nova criatura" (2 Coríntios 5,17); "com ele nos ressuscitou e nos fez assentar nos céus, em Cristo Jesus" (Efésios 2,6).

Questionário

1. Por que os artistas apresentam a imagem de Nossa Senhora pisando a cobra?

2. Por que o anúncio da vinda do Messias é sempre acompanhado da presença de sua Mãe?

3. Quando se dá a realização das promessas da vinda do Salvador?

4. Comente a afirmação: "Só se pode falar com exatidão de Maria em referência a Jesus".

Oração

Ó Maria, Mãe de Jesus, o Messias prometido!
Vós sois a Filha de Sião!
Vós sois a honra e a glória de Israel!
Vós sois a alegria de todos os povos evangelizados, pois em vós
se cumpriram as antigas promessas!
Nós contemplamos em vosso nascimento a aurora
de nossa salvação.
Quando nascestes, nossas esperanças foram realizadas
e nossas alegrias, intensificadas: o Salvador estava próximo!
Deus conosco!
Antes de nascerdes, fostes abençoada e santificada, ao serdes
concebida sem o pecado original, em previsão dos méritos do
vosso Filho, para vos tornardes templo da divindade.
Ele quis, assim, redimir-vos de modo admirável.
Ó Mãe Imaculada, ensinai-nos a acolher e a conservar em nós
a vida da graça que vosso Filho nos trouxe com seu sacrifício e
nos concedeu graciosamente no batismo.
Intercedei junto a Jesus para que sejamos fiéis às promessas
batismais e à nossa vocação cristã, servindo aos irmãos com
amor solícito e solidário.
Fazei que vençamos o mal com o bem e com o perdão,
esmagando a antiga serpente, símbolo do pecado e do Inimigo.
Amparai e defendei nossa fé, quando ameaçada.
Purificai nossos sentimentos e desejos para que não nos afastem
da verdade e da paz.
Iluminai a nossa estrada para caminharmos
com firmeza e retidão.
Amém.

Maria
na relação com Deus

Jesus nos revelou o mistério de Deus: Pai, Filho e Espírito Santo. Trata-se da Santíssima Trindade, um só Deus em três pessoas distintas. Significa que o mistério de Deus é comunhão trinitária de amor, porque Deus é amor (cf. 1 João 4,8.11).

O que Deus é em si mesmo quer ser também para nós. O Pai se revela em Cristo, mediante sua Palavra (o Verbo divino), através da ação amorosa do Espírito Santo. Essa revelação se manifesta admiravelmente no mistério da vida de Maria.

1. A relação de Maria com Deus-Pai

*M*aria sempre esteve presente no plano salvífico do Pai. Ela foi planejada e projetada na intenção e na mente do Pai como sua filha predileta, a verdadeira "Filha de Sião" (Zacarias 2,14). À semelhança dos profetas, ela foi "chamada desde o seio materno" (Isaías 49,1), e já no ventre materno foi formada e consagrada (cf. Jeremias 1,5). Ela é obra da sabedoria e do amor do Pai.

Na Anunciação, Deus-Pai envia o anjo Gabriel para saudá-la em sua dignidade: "Alegra-te, cheia de graça, o Senhor está contigo!" (Lucas 1,28). O mensageiro lhe dá a conhecer a origem da saudação da qual é apenas um portador. Acentua-lhe a presença de Deus-Pai em sua vida e em sua pessoa. Expressa com o título de cheia de graça que ela está repleta dos favores divinos. Sua graça contém o motivo da alegria: o Messias que por ela viria ao mundo. Ela é muito privilegiada pelo Pai ao escolhê-la para ser a Mãe do nosso Salvador.

Maria fica intrigada com a palavra. Pensa sobre o significado da saudação (cf. Lucas 1,29). Ela quer a lucidez divina. Precisa de clareza para aceitar. Por isso, indaga, pergunta, quer saber: como é que vai ser isso? (cf. Lucas 1,34). Sabendo ouvir a Deus, ela sabe também obedecer e se entrega à sua santa vontade. Ela se determina em servi-lo. Diz, então, com decisão plena de fé: "Eu sou a serva do Senhor; faça-se em mim segundo a tua palavra" (Lucas 1,38). É a plena fidelidade ao chamado divino.

A saudação angélica é o eco do convite, feito por Deus, através dos profetas, à Filha de Sião para que se alegre pela vinda dele para o meio de seu povo:

> Erguei alegres gritos, exultai, ó habitantes de Sião, porque grande é o Santo de Israel no meio de ti (Isaías 12,6).
>
> Rejubila, filha de Sião, solta gritos de alegria, Israel! Iahweh, o rei de Israel, está no meio de ti (Sofonias 3,14.15).
>
> Exulta, alegra-te, filha de Sião, porque eis que venho para morar em teu meio (Zacarias 2,14).

Maria manifesta o segredo do seu relacionamento com Deus. Sua alma canta ou salmodia com alegria e humildade os favores divinos. Expressa seus sentimentos com conteúdos bíblicos, especialmente pelo cântico de Ana (cf. 1 Samuel 2,1-10). Significa que cultivava o hábito de dialogar com Deus pela oração, através das Escrituras. Elas educaram e formaram sua personalidade e sua espiritualidade. Por isso, Maria diz inicialmente:

> *Minh'alma engrandece o Senhor, e meu espírito exulta em Deus meu Salvador,* porque *olhou para a humildade de sua serva.* Sim! Doravante as gerações todas me chamarão de bem-aventurada, pois o Todo-Poderoso fez grandes coisas em meu favor (Lucas 1,46-49).

Maria é obediente à Lei de Deus, expressa pela legislação de Moisés e pela cultura religiosa de seu povo. Por isso, seu filho Jesus foi circuncidado, quando se completaram os oito dias de seu nascimento (cf. Lucas 2,21). Ela mesma se submeteu ao rito de purificação (cf. Lucas 2,22; Levítico 12,1-3). Logo após, ela vai com José ao templo de Jerusalém para apresentar o Menino Jesus e oferecer em sacrifício um par de rolas ou dois pombinhos (cf. Lucas 2,22-24; Levítico 12,6-7).

Maria e José eram piedosos e tementes a Deus. Não só cumpriram os ritos de iniciação, mas favoreceram a educação religiosa de Jesus pelo exemplo de cultuar a Deus em família. O Evangelho testemunha que todos os anos eles iam a

Jerusalém para a festa da Páscoa (cf. Lucas 2,41). É de supor que, devido especialmente ao estímulo e ao exemplo de Maria, Jesus crescia em sabedoria, em estatura e sobretudo em graça diante de Deus e diante dos homens (cf. Lucas 2,52). O Evangelho o constata.

2. A relação de Maria com Jesus

Maria é a Mãe de Jesus. A explicação do anjo Gabriel é clara: "Eis que conceberás e darás à luz um filho, e tu o chamarás com o nome de Jesus" (Lucas 1,31).

Mateus afirma na genealogia que "Jacó gerou José, o esposo de Maria, da qual nasceu Jesus, chamado Cristo" (Mateus 1,16). Ao tratar da origem de Jesus Cristo usa a expressão "Maria, sua mãe" (Mateus 1,18). Ao narrar a visita dos Magos, repete a indicação: eles "viram o menino com Maria, sua mãe" (Mateus 2,11). Na fuga e no retorno do Egito, as narrativas expressam a diferença qualitativa: Jesus não é filho de José da mesma maneira como é filho de sua mãe. Ele é verdadeiramente filho de Maria, mas adotado por José, o protetor dos dois. Eis o sentido da omissão da paternidade de José: "Levanta-te, toma o menino e *sua mãe* e foge para o Egito" (Mateus 2,13); "Ele se levantou, tomou o menino e *sua mãe*, durante a noite, e partiu para o Egito" (Mateus 2,14); "Levanta-te, toma o menino e *sua mãe* e vai para a terra de Israel, pois os que buscavam tirar a vida do menino já morreram" (Mateus 2,20).

A maternidade de Maria era reconhecida. Quando Jesus visita Nazaré, as pessoas na sinagoga se maravilham e dizem, entre outras coisas: "Não se chama *a mãe dele Maria?*" (Mateus 13,55). Para o quarto Evangelho, Maria é conhecida pelos discípulos, os convidados e os anfitriões. Diz o texto: "Houve um casamento, em Caná da Galiléia, e *a mãe de Jesus* estava lá" (João 2,1). Também a Igreja Apostólica a conhece, pois o livro dos Atos a destaca: "Todos estes, unânimes, perseveravam na oração com algumas mulheres, entre as quais *Maria, a mãe de Jesus* (Atos 1,14).

Não se pode falar da relação de Maria com seu Filho sem o relacionamento de reciprocidade. De fato, afirmar a maternidade é reconhecer a filiação. Jesus dependeu dela para se encarnar, ser gerado, nascer, amamentar-se, balbuciar as primeiras palavras, ser criança e adolescente, e conviver em família e em sociedade. O corpo e o sangue do Redentor são conseqüências do corpo e do sangue de Maria. Também os primeiros e mais belos afetos na alma do Redentor são marcas indeléveis dos sentimentos da alma de Maria. Conseqüentemente, o Senhor Jesus é também reconhecido integralmente como sendo "o filho de Maria" (Marcos 6,3).

Diante do mistério da Encarnação, existe toda a relação de colaboração e de afeto recíproco entre Mãe e Filho. De fato, em Maria "o Verbo se fez carne e habitou entre nós e nós vimos a sua glória" (João 1,14). Portanto, ninguém conheceu e amou mais o Cristo que sua Mãe, Maria. Ninguém conheceu e amou mais a Maria que Jesus, seu Filho. Ninguém também colaborou mais com a obra de nossa redenção que Maria ao formar em seu seio o Filho de Deus, homem como nós, "semelhante aos irmãos" (Hebreus 2,17), "com exceção do pecado" (Hebreus 4,15).

3. A relação de Maria com o Espírito Santo

Quando Maria indaga como se realizará sua maternidade, pois não conhece homem nenhum (cf. Lucas 1,34), o anjo Gabriel responde: "O Espírito Santo virá sobre ti e o poder do Altíssimo vai te cobrir com a sua sombra" (Lucas 1,35). Portanto, Maria é totalmente impregnada pela presença do Espírito Santo para conceber e gerar "o Filho de Deus" (Lucas 1,35). O Espírito Santo é a possibilidade de Maria gerar o Filho Divino. O Espírito Santo é a possibilidade do Filho de Deus assumir a carne humana no sentido do quarto Evangelho, devido exclusivamente à vontade e à ação divinas: "Ele não foi gerado de uma vontade da carne, nem de uma vontade do homem, mas de Deus" (João 1,13).

O relacionamento de Maria com o Espírito Santo é tão estreito e tão forte que só se assemelha ao próprio relacionamento íntimo com Jesus em todo o processo da gestação. Se com Jesus a relação é materna, com o Espírito ela é esponsal. Assim se explica o ato divino da Encarnação em estreita colaboração humana da alma e do corpo de Maria. A concepção de Jesus é virginal porque Maria é toda ela do Espírito Santo. Nesse sentido, é a virgem escolhida e é a virgem por excelência (cf. Lucas 1,27). Por isso, é invocada na ladainha como sendo a *Virgem das virgens*. O Espírito Santo é Deus e o ser disponível, pelo *faça-se*, pertence totalmente e só a Deus. Seu amor é exclusivo de Deus, é virginal.

Mateus supõe a ação do Espírito Santo quando, na genealogia de Jesus, acentua sua linhagem somente materna, ao contrário da masculina dos demais integrantes (cf. Mateus 1,1-16). É explícito quando afirma que Maria "achou-se grávida pelo Espírito Santo" (Mateus 1,18). Repete a verdade da fé ao descrever o sonho de José no qual o Anjo lhe diz: "José, filho de Davi, não temas receber Maria, tua mulher, pois o que nela foi gerado vem do Espírito Santo" (Mateus 1,20). Trata-se, pois, de um vínculo esponsal com a terceira pessoa da Santíssima Trindade, o Espírito Santo de Deus.

O Espírito Santo inaugura as obras divinas como condição de possibilidade: para que elas se realizem conforme a vontade de Deus. Ele é o agente que inaugura o início da obra de nossa redenção e salvação. Maria é, então, preenchida de seus dons na Encarnação. Também seu Filho receberá o Espírito para inaugurar sua vida pública, desde o batismo no Jordão, em forma de pomba (cf. Lucas 3,22). Finalmente, Maria e as mulheres com os apóstolos, em Pentecostes, receberão o Espírito para a inauguração da Igreja missionária no mundo (cf. Atos 1,13-14; 2,1-3).

O Espírito Santo sempre vem com seus dons no início: na história da criação e da salvação. Vem sobre as pessoas que têm uma missão especial. Virá sobre todos os que pela fé e pelo batismo aceitarem Jesus como Salvador e Filho de Deus. Ele também acompanha e leva ao cumprimento a vontade divina. Por isso, Maria recebeu e acolheu o Espírito para colaborar ativamente na obra de Deus, desde o início da Encarnação até o começo da Igreja. Por sua fidelidade ao Espírito Santo, ela testemunhou a obra do Pai e a obra do seu Filho inclusive na vida dos primeiros discípulos, desde o ministério público de Jesus até o começo da Igreja. De fato, ela participou e viveu intensamente a realização da Promessa na alegria, na dor e na exaltação.

Conclusão

Maria é toda de Deus. Essa totalidade é expressa pela sua virgindade perpétua. Sendo toda ela do Pai, do Filho e do Espírito Santo, é toda da Igreja e da humanidade, isto é, está a serviço de nossa salvação em Cristo.

Conclui-se que o vínculo esponsal de Maria com o Espírito Santo possibilita sua maternidade divina, realizando a plena vontade do Pai. Ele a criou e a consagrou para que fosse santa e como tal colaborasse com a ação de seu Filho, desde a Encarnação, em nosso favor.

Questionário

1. Qual é a relação de Maria com Deus-Pai?
2. Qual é a relação de Maria com Deus-Filho?
3. Qual é a relação de Maria com Deus-Espírito Santo?
4. Explique a frase: Ninguém conheceu e amou mais o Cristo que sua Mãe.

Oração

Ó Maria, por vós, o Pai nos enviou seu Filho amado a fim de
ser nosso Salvador, e de ambos nos vêm o Espírito Santo,
para ser nosso Santificador.
Ó Filha predileta do Criador, queremos adorá-lo, convosco,
em espírito e em verdade.
Abençoai nosso bom desejo de cumprir a vontade do Pai.
Ó Mãe do Filho de Deus, feito homem, queremos servi-lo,
convosco, com liberdade e generosidade. Abençoai nosso bom
desejo de segui-lo como Mestre e Senhor.
Ó Esposa do Espírito Santo, queremos recebê-lo, convosco,
com abertura e disponibilidade.
Abençoai nosso bom desejo de acolhê-lo como Santificador
e Consolador.
Ó Maria, convosco, adoramos a Santíssima Trindade,
nosso Deus.
Convosco, nós nos relacionamos com cada Pessoa Divina.
Convosco, também queremos compreender e vivenciar
a experiência do amor trinitário de Deus.
Sede nossa boa Mãe, mostrando o amor da Trindade em nossa
vida, especialmente nos momentos de dificuldade, de amargura
e de aflição para que sejamos fortes, otimistas e vencedores.
Amém.

Maria
no itinerário da fé

O Concílio Ecumênico Vaticano II afirma que "Maria avançou em peregrinação de fé" (*Lumen Gentium*, VIII, 58). Embora fosse toda de Deus na santidade de seu ser e na abertura de sua alma, mesmo depois de ter sido atingida pela graça de intimidade com o Filho e com o Espírito Santo, ela crescia na compreensão da verdade da fé.

A compreensão progressiva incluía tanto o mistério e a missão de seu Filho quanto sua própria missão de mãe e de colaboradora. Maria ignorava as conseqüências de seu sim generoso. Apenas conhecia o essencial: seu filho era Filho de Deus e Salvador. Em consonância, as Escrituras dão a entender o conhecimento de Maria, de claridade em claridade, na condição de peregrina na fé.

1. Maria diante da encarnação, do nascimento e da infância de seu Filho

Maria ficou perturbada com a saudação do anjo Gabriel, pensou seu significado e fez a pergunta coerente com seu desconhecimento: "Como é que vai ser isso, se eu não conheço homem algum?" (Lucas 1,34). Após a explicação pedida, ela crê no anúncio do mensageiro e aceita: "Faça-se em mim segundo a tua palavra!" (Lucas 1,38). No entanto, não pediu um sinal para crer. O anjo, porém, já lhe havia garantido: "Também Isabel, tua parenta, concebeu um filho na velhice, e este é o sexto mês para aquela que chamavam de estéril. Para Deus, com efeito, nada é impossível" (Lucas 1,36). Maria, então, vai se por a caminho para a região montanhosa cujo itinerário a levará a uma cidade de Judá (cf. Lucas 1,39) que bem pode simbolizar o início de seu itinerário espiritual de fé.

Na realidade, Maria será o grande sinal para Isabel da realização da Promessa: "O que foi dito da parte do Senhor será cumprido!" (Lucas 1,45). Entretanto, ambas serão sinais uma para a outra. A presença de Maria traz o dom da alegria e da fé na verdade de seu mistério. Daí Isabel ter dado um grande grito e exclamado: "Bendita és tu entre as mulheres e bendito é o fruto de teu ventre! Donde me vem que a mãe do meu Senhor me visite?" (Lucas 1,42-43). A atitude de Isabel só foi possível graças à revelação: "Ficou repleta do Espírito Santo" (Lucas 1,41). No mesmo Espírito ela também reconhece que Maria é uma mulher de fé: "Feliz aquela que acreditou!" (Lucas 1,45). Essa confirmação da fé é só um momento do início do itinerário mariano.

Como Maria na alegria da gestação do Menino Jesus podia conviver com o silêncio, pois nada dissera a José? Que perplexidade e indagações invadiam sua alma diante dessa circunstância? Teria tido conhecimento do sofrimento de José que, "sendo justo e não querendo denunciá-la publicamente, resolveu repudiá-la em segredo"? (Mateus 1,19). Questionava seu futuro sem José? Não temos respostas para tais questões. Porém, elas indicam que a fé mariana não foi luz imediata para todos os acontecimentos. Ela precisou esperar a hora de Deus para si e para José. Também para ela, a experiência de peregrinar na fé significou aguardar o futuro que a Deus pertence. Contudo, viveu o momento presente na fidelidade ao Deus da Promessa.

Certamente, a profecia de Simeão lhe causara perplexidade, apreensão e talvez mágoa interior: "Eis que este menino foi colocado para a queda e para o soerguimento de muitos em Israel, e como um sinal de contradição, e a ti uma espada traspassará tua alma" (Lucas 2,34-35). Em momento de dupla alegria, pelo nascimento e pela apresentação do Menino no templo, ela ouve a profecia tão sombria que contrastava com o feliz anúncio do anjo: "Ele será grande, será chamado Filho do Altíssimo, e o Senhor Deus lhe dará o trono de Davi, seu pai; ele reinará na casa de Jacó para sempre, e o seu reinado não terá fim" (Lucas 1,32-33).

Sua fé seria logo provada, desde o nascimento de seu Filho pela perseguição e pela recusa. De fato, o clima festivo da visita dos sábios do Oriente é todo ele marcado pela ameaça de Herodes (cf. Mateus 2,1-12), o massacre dos inocentes (cf. Mateus 2,16-18) e pela fuga para o Egito (cf. Mateus 2,13-15.19-32). Mescla-se a alegria dos visitantes (cf. Mateus 2, 10-11) com a maldade e a insensatez de Herodes. Mistura-se a fé dos magos com a ameaça ao Menino e à apreensão do santo casal. O pior, porém, estava por vir. No entanto, tudo isso já apontava para o sofrimento da paixão e da cruz.

Quando Jesus completou doze anos, decidiu permanecer em Jerusalém por três dias, sem comunicar nada a Maria e a José. Após muita procura, foi encontrado no templo, sentado, ouvindo e interrogando os doutores (cf. Lucas 2,41-46). Maria fica surpresa e pede explicação: "Meu filho, por que agiste assim conosco? Olha que teu pai e eu, aflitos, te procurávamos" (Lucas 2,48). A resposta provavelmente deixou-a perplexa: "Por que me procuráveis? Não sabíeis que devo estar na casa de meu Pai?" (Lucas 2,49). O evangelista conclui que "eles, porém, não compreenderam a palavra que ele lhes dissera" (Lucas 2,50). Entretanto, ela "conservava a lembrança de todos esses fatos em seu coração" (Lucas 2,51).

Depois do episódio no templo, Maria e José retornam para casa. Jesus lhes era submisso (Lucas 2,51). Nada sabemos de sua vida em família. O Papa João Paulo II afirma: "Durante os anos da vida oculta de Jesus na casa de Nazaré, também a vida de Maria está escondida com Cristo em Deus (cf. Colossenses 3,3), mediante a fé" (*Redemptoris Mater*, 17b).

Um dia, porém, a lembrança dos fatos e das palavras seria recordada na memória da peregrina na fé. Maria, então, teria que compreender e aceitar que a missão de seu Filho se desvendava diante de seus olhos de modo não convencional e certamente não esperado. Progressivamente, teria de aprender a *perder seu Filho*, dedicado totalmente à missão de evangelizar e de anunciar a chegada do Reino de Deus, durante sua vida pública que o conduziria à morte e à ressurreição.

2. Maria diante da vida pública de seu Filho

Não precisamos supor que Maria estivesse presente em todos os acontecimentos da vida pública de Jesus e conhecesse todos os seus discursos e pronunciamentos e visse todas as suas ações. Aliás, as Escrituras não passam essa informação.

Podemos supor que ela tivesse bastante conhecimento pelo testemunho das pessoas que rodeavam seu Filho, muitos discípulos e discípulas, inclusive os apóstolos que, certamente, falavam sobre Jesus. Com efeito, ele era um fenômeno público que movimentava multidões pelo que dizia e fazia, sobretudo os milagres e os exorcismos. Conforme Maria ouvira do profeta Simeão, ele era motivo de contradição. Muitos testemunhavam a seu favor, convertiam-se e se tornavam seus discípulos. Outros tantos o discriminavam, notadamente os fariseus, saduceus, escribas e sacerdotes. Alguns deles tramavam sua morte.

Maria vivia, alegrava-se e sofria e talvez se inquietasse com todos os acontecimentos contraditórios, referentes à atividade evangelizadora de Jesus. Na verdade, ela o acompanhava com o coração e com sua discrição, peregrinando na fé. Mais do que isso, Maria se constituía em verdadeira discípula. Por isso, se diz que ela foi a primeira cristã. Então, não se trata de conhecer tudo, ver tudo ou se informar de tudo, a partir do exterior. Iluminada interiormente pela fé e pela presença do Espírito Santo, ela compreendia e penetrava com profundidade, bem mais do que todos os discípulos, o significado do Mistério divino daquele homem que ela trouxera ao mundo. Ela sabia bem que ele era Filho de Deus.

Ela o seguia na fé e no amor e com esperança na realização da Promessa, desde os acontecimentos da encarnação, do nascimento e da infância. João Paulo II diz que "Maria acompanhou passo a passo Jesus, na sua materna peregrinação de fé" (*Redemptoris Mater*, 26e). São Lucas percebeu o itinerário interior da fé mariana, ao afirmar duas vezes: "Maria, contudo, conservava cuidadosamente todos esses acontecimentos e os meditava em seu coração" (Lucas 2,19) e "sua mãe, porém, conservava a lembrança de todos esses fatos em seu coração" (Lucas 2,51). Portanto, a Virgem possuía vida interior. Peregrinava na fé, meditando tudo o que conservara dos acontecimentos e das palavras de seu Filho, conhecidos de viva voz ou pela comunicação de outros.

Segundo o quarto Evangelho, Maria está presente no início da vida pública de Jesus no casamento em Caná. Quando falta o vinho, comunica a Jesus: "Eles não têm mais vinho" (João 2,3). Nada pede. Apenas apresenta a dificuldade. Ouviu, então, a resposta que poderia constrangê-la: "Que queres de mim, mulher? Minha hora ainda não chegou". Porém, não emudece nem se detém. Como se soubesse o que iria acontecer, diz aos serventes: "Fazei tudo o que ele vos disser" (João 2,4). Jesus, então, faz o milagre, transformando as águas das talhas de purificação em excelente vinho que a todos surpreendeu (cf. João 2,6-10). Trata-se do primeiro sinal de Jesus, que fortaleceu a fé dos discípulos (cf. João 2,11). De certa forma, o sinal milagroso é fruto da fé e da confiança de Maria.

Ainda há um dado importante. Acentua-se a presença de Maria no início da narrativa e da vida pública: "A Mãe de Jesus estava lá" (João 2,1). Semelhante acentuação é dada na conclusão: "Depois disso, desceram a Cafarnaum, ele, sua mãe, seus irmãos e seus discípulos, e ali ficaram apenas alguns dias" (João 2,12). Ela só reaparece, no quarto Evangelho, aos pés da cruz. Portanto, está presente no início, que inaugura, e estará no fim, que consuma (cf. João 19,25-27).

Há outro momento de presença de Maria, destacada com pequenas variações pelos três evangelhos sinóticos. Integra-se no peregrinar da fé mariana. Trata-se do ensinamento sobre os verdadeiros parentes de Jesus. Segundo Marcos:

> Chegaram então sua mãe e seus irmãos e, ficando de fora, mandaram chamá-lo. Havia uma multidão, sentada em torno dele. Disseram-lhe: "Eis que tua mãe, teus irmãos e tuas irmãs estão lá fora e te procuram". Ele perguntou: "Quem é minha mãe e meus irmãos?". E, repassando com o olhar os

que estavam sentados ao redor, disse: "Eis a minha mãe e os meus irmãos. Quem fizer a vontade de Deus, esse é meu irmão, irmã e mãe" (Marcos 3,31-35; cf. também Mateus 12,46-50 e Lucas 8,19-21).

Do ponto de vista da possível surpresa de Maria ao ouvir as palavras do Filho, ela aprendeu a assumir na fé o parentesco universal de Jesus. Participariam da sua família espiritual, com vínculos mais estreitos que os do sangue, todos que ouvem e praticam a Palavra de Deus (cf. Lucas 8,21), a qual ele explica e anuncia. Eles hão de ser seus irmãos porque são filhos do mesmo Pai cuja vontade ele revela. Aos pés da cruz, Maria ampliaria seu horizonte materno, incluindo, além dos discípulos, toda a humanidade remida.

3. Maria diante da cruz de seu Filho

A devoção popular imagina o encontro de Maria com seu Filho no caminho do Calvário. Por isso, esse encontro é a quarta estação da via-sacra e faz parte da procissão durante a semana santa em muitos lugares do Brasil. No entanto, as Escrituras não nomeiam a Mãe de Jesus no encontro com as mulheres:

> Grande multidão do povo o seguia, como também mulheres que batiam no peito e se lamentavam por causa dele. Jesus, porém, voltou-se para elas e disse: "Filhas de Jerusalém, não choreis por mim; chorai, antes, por vós mesmas e por vossos filhos!" (Lucas 23,27-28).

Seja como for, ela percorreu o caminho da cruz porque subiu o Calvário. Com efeito, diz o evangelista:

> Perto da cruz de Jesus, permaneciam de pé sua mãe, a irmã de sua mãe, Maria, mulher de Cléofas, e Maria Madalena.

> Jesus, então, vendo sua mãe e, perto dela, o discípulo a quem amava, disse à sua mãe: "Mulher, eis o teu filho!". Depois disse ao discípulo: "Eis a tua mãe!". E a partir dessa hora, o discípulo a recebeu em sua casa (João 19,25-27).

Maria, portanto, associa-se ao sacrifício de seu Filho, a vítima cujo corpo e sangue foram por ela gerados. O caminho da paixão, da crucifixão e da morte de Jesus é, para a Mãe, o cume do peregrinar na fé. Como poderia transpor-se da esperança no Messias glorioso para a realidade do "Justo Sofredor" (Isaías 53)? Como poderia ultrapassar o "escândalo da cruz" (1 Coríntios 1,23) enquanto tropeço para a fé judaica? Poderia gritar com "os judeus que pedem sinais" (1 Coríntios 1,22)? Poderia exigir: "Rei de Israel que é, que desça agora da cruz e creremos nele!" (Mateus 27,43)? Ela não pediu um sinal para crer. Não pedira o sinal quando ouviu o anúncio messiânico do anjo. Também agora nada pede. Silencia. Sofre calada, compadecida e extremamente só. De pé, expressa fidelidade incondicional e fé confiante. De pé, também aguarda como outrora a hora de Deus.

Maria experimentou a sabedoria, o dom e a consolação do Espírito Santo a iluminar sua fé, para que visse no seu Filho Crucificado o "poder de Deus e a sabedoria de Deus" (1 Coríntios 1,24) contra toda evidência. A seus olhos, contemplava o Servo Sofredor "sem beleza nem esplendor que pudesse atrair nosso olhar, nem formosura capaz de nos deleitar, desprezado e abandonado pelos homens, um homem sujeito à dor, familiarizado com a enfermidade, uma pessoa de quem todos escondem o rosto" (Isaías 53,2-3). De Maria aos pés da cruz se pode dizer: "Não há quem a console" (Lamentações 1,2) com palavras humanas. "A Filha de Sião perdeu toda a sua formosura" (Lamentações 1,6), pois seu semblante é desolador.

Naquele breve instante, antes de morrer, Jesus pensou em nós e na sua Igreja, dando-nos Maria como Mãe. No momento extremo do sofrimento, na fé, ela aprendeu a aceitar de Jesus Crucificado sua nova condição materna: receber o discípulo amado como seu filho e ser recebida por ele em sua casa (cf. João 19,25-27).

São Bernardo, em precioso sermão sobre o martírio da alma de Maria, indaga e exclama:

> Pior que a espada, traspassando a alma, não foi aquela palavra que atingiu até a divisão entre a alma e o espírito: "Mulher, eis aí teu filho"? (João 19,26). Oh! Que troca terrível! João, Mãe, te é entregue em vez de Jesus, o servo em lugar do Senhor, o discípulo pelo Mestre, o filho de Zebedeu pelo Filho de Deus, o puro homem, em vez do Deus verdadeiro. Como ouvir isso deixaria de traspassar tua alma tão afetuosa, se até a sua lembrança nos corta os corações, tão de pedra, tão de ferro? (Dos Sermões de São Bernardo, abade. In: Ofício das Leituras do dia 15 de setembro).

A hora de Jesus é também a hora de Maria. Ela é convocada a se doar por inteiro, sustentada somente pela graça. Assim, enquanto ele nos dava a vida e tudo o que mais amava, ela *desprendia-se dele* e, portanto, também se doava por inteiro, para nos assumir em seu amor por ele e por nós. São Bernardo nos assegura:

> Ele (Jesus) pôde morrer no corpo, não podia ela morrer juntamente no coração? É obra da caridade: ninguém teve maior! Obra de caridade também isto: depois dela nunca houve igual (Dos Sermões de São Bernardo, abade. In: Ofício das Leituras do dia 15 de setembro).

Somente após a oferta de Maria, Jesus poderia, antes de morrer, acrescentar: "Tudo está consumado!" (João 19,30). Por isso, aos pés do Crucificado, Maria se torna Mãe da nossa redenção ou Mãe da graça. Recebe o título de nova Eva ou de Mãe de todos os viventes pelos quais ele deu a vida.

A devoção cristã imagina que, ao ser descido da cruz, o Filho é acolhido nos braços de Maria. A cena inspira os grandes artistas que esculpiram ou pintaram Nossa Senhora da Piedade. Outros retratam Nossa Senhora das Dores com uma espada no coração conforme a profecia de Simeão (cf. Lucas 2,35). Outros compuseram a via-sacra mariana. Imaginam que Maria desce o Calvário e refaz o caminho doloroso.

Na verdade, em todo sábado, em profunda desolação, ela meditava e interiorizava os mistérios da dor em seu coração juntamente com os da infância e os da vida pública. Sua vida interior feita de oração e de meditação, na mais pura presença de Deus, é o sustentáculo de sua fé, cheia de esperança na promessa da ressurreição. Por isso, o sábado, na tradição católica, é o dia da semana dedicado à devoção mariana.

4. Maria e o crescimento na fé diante da ressurreição

Maria participa da alegria dos acontecimentos referentes às aparições do Ressuscitado. Certamente, soube da atitude das santas mulheres, as mesmas que estiveram "olhando de longe" (Marcos 15,40) os fatos da cruz e da morte de Jesus e que, passado o sábado, decidiram comprar aromas para ungir seu corpo. São nomeadas: Maria Madalena, Maria, mãe de Tiago, e Salomé (cf. Marcos 16,1).

Toma conhecimento das aparições pelo testemunho alegre dos discípulos, dos apóstolos e especialmente das discípulas, encarregadas que foram de anunciá-lo por primeiro. Com efeito, "ao voltarem do túmulo, anunciaram tudo isso aos Onze, bem como a todos os outros" (Lucas 24,9).

As aparições são narrativas que contêm a alegre e salvífica notícia a ser comunicada quase que de boca a boca:

"Ide já contar aos discípulos que ele ressuscitou dos mortos e que ele vos precederá na Galiléia" (Mateus 28,7); "Ide anunciar aos meus irmãos que se dirijam para a Galiléia; lá me verão" (Mateus 28,10); "Maria Madalena foi anunciar aos discípulos: 'Vi o Senhor, e ouvi as coisas que ele me disse'" (João 20,18).

A partir das aparições, os últimos fatos são recordados e aprofundados em seu significado para o Cristo e para nós: "Começando por Moisés e por todos os Profetas, interpretou-lhes em todas as Escrituras o que a ele dizia respeito" (Lucas 24,27); "E eles narraram os acontecimentos do caminho e como o haviam reconhecido na fração do pão" (Lucas 24,35). Sem dúvida, Maria Santíssima vivia esse clima das aparições em união com os discípulos e os onze apóstolos.

As Escrituras não dizem que Jesus Ressuscitado apareceu à sua Mãe, mas é possível supor, pois apareceu a vários não nomeados (cf. 1 Coríntios 15,5-8). Santo Inácio de Loyola, na quarta semana dos Exercícios Espirituais, põe a primeira contemplação: como Cristo nosso Senhor apareceu a Nossa Senhora, em primeiro lugar. Cabe, no entanto, tudo à imaginação, ainda que iluminada pela fé.

Se Jesus Ressuscitado apareceu a Maria não foi só para fortalecer sua fé. Em primeiro lugar, foi para premiá-la de plena alegria pela fé já testemunhada, especialmente na dor e no abandono da morte de cruz e do sepultamento. Ela sabia melhor do que todos os discípulos, ao guardar tudo no coração, que ele anunciara sua ressurreição ao terceiro dia (cf. Marcos 8,3; Lucas 18,33). Por isso, esperava a hora de Deus, a realização da promessa de seu Filho, mesmo sem saber como. Em segundo lugar, se o Ressuscitado apareceu-lhe, foi para realizar a promessa e cessar a esperança. Aparecendo-lhe atesta o sentido pleno de sua maternidade: "Ele será chamado Filho de Deus" (Lucas 1,35). De fato, o senhorio do Ressuscitado confirma e publica para sempre a maternidade divina.

Quer dizer: todos os mistérios da vida de Jesus e de Maria se esclarecem com as luzes da ressurreição e do Espírito Santo, em Pentecostes.

Maria é a primeira a compreender e a vivenciar que o acontecimento da ressurreição é maior que qualquer palavra que anuncie seja que ele ressuscitou, seja que apareceu primeiro a Pedro ou a Madalena, aos apóstolos ou às mulheres. No sentido da plena compreensão, pode-se afirmar que ela foi a primeira a experimentar que a ressurreição é acontecimento que se impõe como atestação para só depois se tornar testemunho. O que para os demais foi um processo, para Maria, devido à sua intimidade com o Senhor no Espírito Santo, foi imediato. O processo para o ato de fé no Ressuscitado, em alguns casos, foi bastante difícil. Haja vista a atestação pública a Tomé: "Põe teu dedo aqui e vê minhas mãos! Estende tua mão e põe-na no meu lado e não sejas incrédulo, mas crê!" (João 20,27). De fato, a ressurreição fora uma realidade progressiva e de difícil compreensão e aceitação: "Não podiam acreditar ainda e permaneciam surpresos" (Lucas 24,41).

A fé que envolvia Maria não necessitava de nenhuma atestação pública. Permaneceu no silêncio, imperturbável na intimidade do encontro feliz entre ela e o Filho. A ela não caberia nenhuma reprovação pela falta de fé. Ao contrário, Jesus recrimina os discípulos: "Insensatos e lentos de coração para crer tudo o que os profetas anunciaram! Não era preciso que o Cristo sofresse tudo isso e assim entrasse em sua glória?" (Lucas 24,25-26). Também censura os Onze, cuja *incredulidade e dureza de coração* impediram que dessem crédito aos que o tinham visto ressuscitado (cf. Marcos 16,14).

Ela sabia que seu Filho estava morto e agora vivia! Não precisava da mediação de ninguém para crer que seu Filho vencera a morte. Conseqüentemente, na experiência nova com o Ressuscitado, ela saboreia e atualiza as palavras de

Isabel: "Feliz aquela que acreditou, pois o que lhe foi dito da parte do Senhor será cumprido!" (Lucas 1,45).

Envolvida pelas alegrias pascais, a Virgem permanece junto aos apóstolos e algumas mulheres, reunidos em oração, até o domingo de Pentecostes (cf. Atos 1,13-14). Cumpriam a ordem do Ressuscitado "que não se afastassem de Jerusalém, mas que aguardassem a promessa do Pai" (Atos 1,4): o batismo com o Espírito Santo (cf. Atos 1,5). Em Pentecostes, a Igreja apostólica se expressa, reunida em torno do Ressuscitado e com Maria, como dom do Espírito Santo que capacita os discípulos para a missão no mundo. Ela compreende-se comprometida e solícita com a missão da Igreja no novo serviço ao seu Filho. Assume com sua presença a responsabilidade de ser Mãe da Igreja nascente, segundo o desejo do seu Filho Crucificado.

Conclusão

Em Maria, o crescimento da fé é a confirmação de sua compreensão e aceitação do Mistério e de sua missão diante dos fatos novos que lhe provocam adesão ou consentimento ou causam-lhe perguntas, inquietações e até sofrimento. Os acontecimentos provocam-lhe o ato de fé e um novo sim. Então, sua fé se intensifica. Torna-se mais luminosa e mais forte. Tal clareza expressa o crescimento. Quando não compreende, espera a hora de Deus. Crê e confia na Palavra. A propósito, João Paulo II compara a fé mariana à de Abraão, o qual, "esperando contra toda esperança, acreditou" (Romanos 4,18) (cf. *Redemptoris Mater*, 14a).

Conclui-se que, na ressurreição de Jesus, Maria, por uma graça especial de intimidade com o Ressuscitado e com a nova recepção do Espírito Santo, em Pentecostes, conheceu o sentido ou significado de tudo que aconteceu na sua vida com Cristo. Dela se pode dizer com muito mais propriedade: "Tenho vos dito essas coisas, estando entre vós. Mas o Paráclito, o Espírito Santo, que o Pai enviará em meu nome vos *ensinará* tudo e vos recordará tudo o que eu vos disse" (João 14,26).

Questionário

1. Comente a frase: Maria peregrinava na fé. O que isso exigia dela?
2. O que significa dizer que Maria cresceu na fé?
3. Comente a afirmação: Maria guardava e meditava tudo no seu coração.
4. Como e quando nós crescemos na fé? Como colaborar para esse crescimento?

Oração

Ó Maria, peregrina na fé, em meio às alegrias e aos sofrimentos da vossa convivência com Cristo, vosso amado Filho! Também nós somos peregrinos na fé, neste vale de sorrisos e de lágrimas.
Dissestes sim ao plano de Deus ao pronunciar o "faça-se".
Repetistes vosso sim junto à cruz.
Senhora, ensinai-nos a dizer nosso amém todos os dias de nossa vida, se possível, com o sorriso nos lábios.
Não permitais que, por causa do sofrimento, vacilemos na fé e na esperança.
Protegei nosso amor a Jesus para que lhe sejamos fiéis durante toda a vida até a morte.
Consolai-nos em nossos momentos de dor e de aflição.
Aumentai nossa alegria de ser, de existir e de viver.
Amém.

Maria na Tradição viva da Igreja

A Igreja, conduzida por Jesus e assistida pelo Espírito Santo, aprofundou aos poucos a revelação sobre a verdade de Maria, contida nas Escrituras e na Tradição viva da fé. Compreendeu os privilégios de Maria relacionados com o mistério de seu Filho e com a obra de nossa salvação. Experimentou a força de seu exemplo de virtudes evangélicas e o poder materno e régio de sua intercessão e mediação.

1. Maria é Mãe de Deus

O título de Mãe de Deus inclui e, portanto, preserva a fé na divindade de Cristo Jesus. Nestório, Patriarca de Constantinopla, afirmou que, tendo Jesus natureza humana e divina, é preciso admitir que há nele também dois sujeitos ou pessoas distintas. Essas pessoas se vinculam entre si apenas por uma simples unidade acidental ou moral. Quer dizer: o homem Cristo não é Deus, mas somente portador de Deus. Pela encarnação, Deus só habita no homem Jesus, à semelhança de Deus que habita nos justos. Em conseqüência, não é possível dar a Maria o título de Mãe de Deus (*Teotókos*), pois ela seria Mãe tão-somente do homem.

O terceiro Concílio Ecumênico de Éfeso, em 431, condenou como heréticas as afirmações de Nestório e definiu a maternidade divina de Maria. O Concílio define que a natureza divina e a natureza humana estão unidas, em Cristo, na unidade da pessoa. Por isso, trata-se de união hipostática, isto é, as duas naturezas (a humana e a divina) subsistem na mesma pessoa divina. Como? A natureza humana de Cristo foi assumida na unidade e no domínio da pessoa divina. Logo, é a pessoa divina que atua na natureza humana e por meio dela. Portanto, Maria é Mãe de Deus, pois pela encarnação a pessoa divina nela assumiu a natureza humana. Ela deu à luz um filho que é Deus. Ela lhe deu a natureza humana como instrumento da encarnação.

O dogma da maternidade divina de Maria diz duas verdades. Primeiramente, Maria é verdadeira mãe, pois contribuiu na formação da natureza humana de Cristo como se diz de qualquer mãe. Ninguém diz, por exemplo, que alguém é mãe apenas do corpo do filho. Diz-se que alguém é mãe da pessoa inteira: corpo e alma. Logo, também há que dizer que Maria é Mãe do Cristo inteiro: do seu corpo, da sua alma e da sua divindade encarnada. Segundo, Maria é verdadeira Mãe de Deus. Ela concebeu a segunda Pessoa da Santíssima Trindade, quando a natureza humana foi assumida pela natureza divina, no instante da concepção, pela Pessoa do Verbo de Deus.

2. Maria é sempre virgem

A verdade sobre Maria afirma que ela é virgem antes, durante e depois do parto. A concepção virginal, por obra do Espírito Santo, é atestada pelas Escrituras, como já vimos anteriormente. A virgindade no parto, que corresponde à integridade ao dar à luz, constitui o ensinamento universal da Igreja e da celebração litúrgica.

No Sínodo de Milão, em 390, presidido por Santo Ambrósio, foi condenada a doutrina de Joviniano, que negava a virgindade no parto. O Sínodo referiu-se ao símbolo apostólico: Nasceu de Maria Virgem. O quinto Concílio de Constantinopla, em 553, expressa essa verdade, ao menos implicitamente, ao intitular Maria de *sempre Virgem*. O Papa Pio XII, na Encíclica *Mystici Corporis*, ensina que Maria deu a vida a Cristo nosso Senhor com um parto admirável.

Quanto à virgindade perpétua de Maria, há uma interpretação que procura ver um fundamento indireto na pergunta feita ao anjo: "Como se fará isto se não conheço homem algum?" (Lucas 1,34). Ela teria expressado, através de uma iluminação divina, seu propósito de permanecer virgem. Santo Agostinho com sua autoridade favoreceu tal interpretação ao afirmar que Maria teria feito um voto formal de castidade. Entretanto, essa opinião não se sustenta, pela concepção do matrimônio e da maternidade, na espiritualidade e na cultura judaica, que impregnava a Filha de Sião. Agostinho projeta em Maria uma concepção cristã da vida consagrada feminina.

Por isso, biblistas, exegetas e teólogos modernos dizem que é somente diante do fato da Encarnação que ela aceita viver a castidade perfeita por amor a Cristo, no Espírito Santo. Em todo caso, a conversa com o anjo (e sua explicação) diz respeito a Jesus, isto é, à sua concepção virginal. Jesus preenchia todo o ideal e alcance de sua maternidade.

A virgindade de Maria, seja no parto, seja durante e após o parto, se explica pela referência ao mistério de Jesus, ao qual ela se dedicaria totalmente. Algo semelhante acontece com José. Diante do fato divino que se lhe impõe, aceita a missão na fé e no amor: "Não temas receber Maria, tua mulher, pois o que nela foi gerado vem do Espírito Santo" (Mateus 1,20). A castidade de São José também se explica pela compreensão e a aceitação do Mistério, ao qual haveria de servir na obediência da missão. De fato, José "agiu conforme o Anjo do Senhor lhe ordenara e recebeu em casa sua mulher" (Mateus 1,24). O amor de seu Filho adotivo e o de sua santa Esposa o realizaram plenamente.

Tanto o Magistério quanto a Liturgia nomeiam Maria como sempre Virgem, conforme o título que lhe foi aplicado pelo quinto Concílio Ecumênico, em 553. O Concílio Vaticano II retoma amplamente tal convicção. Em todo o capítulo VIII da *Lumen Gentium*, quase sempre Maria é citada com o título de *Bem-aventurada Virgem*. Desse modo, acentua-se a verdade sobre a *virgindade perpétua* da Mãe de Deus.

A primeira objeção contra a virgindade perpétua vem da interpretação errada da afirmação bíblica: "Não a conheceu até que ela deu à luz um filho, ao qual pôs o nome de Jesus" (Mateus 1,25). O texto não nega nem afirma nada sobre o período posterior e sobre a virgindade perpétua. A propósito, o biblista franciscano Mateus Hoepers explica que a expressão *até que* nada afirma sobre o futuro. Então, exemplifica com a narrativa do dilúvio: o corvo solto por Noé da arca não voltou "até que as águas secaram" (Gênesis 8,7), mas certamente depois também não voltou. No entanto, se o texto nada diz do futuro, fala sobre o presente. A intenção de Mateus é afirmar que Maria era virgem quando Jesus nasceu. Portanto, afirma a virgindade antes e durante o parto.

A segunda objeção vem de interpretação errada da afirmação bíblica: "Ela deu à luz o seu filho primogênito" (Lucas 2,7). Não significa que Maria teria tido outros filhos. Aliás, a Bíblia nunca diz que ela teve outro filho. A primogenitura pode se referir também ao filho único que, nesse caso, também é primogênito. Na realidade, o texto aponta para o direito da primogenitura: o de ser consagrado ao Senhor (cf. Êxodo 13,2; Lucas 2,23). Em contrapartida, sublinha um dever especial que, aliás, Maria cumpriu ao levar Jesus ao templo.

A terceira objeção vem de interpretação errada da afirmação bíblica: "Não é este o carpinteiro, o filho de Maria, irmão de Tiago, Joset, Judas e Simão? E as suas irmãs não estão aqui entre nós?" (Marcos 6,3; cf. também Mateus 12,46-47; 13,55-56; Atos 1,14; 1 Coríntios 9,5; Gálatas 1,19). Marcos é o único evangelista que, contrariamente ao costume judaico, apresenta Jesus nomeando sua mãe. Ele é o filho de Maria, até com exclusividade, pois não diz que os irmãos e as irmãs de Jesus sejam também filhos de Maria. Além disso, nada diz sobre o pai, enquanto outros evangelistas apresentam Jesus sendo conhecido como "o filho do carpinteiro" (Mateus 13,55) ou "filho de José" (Lucas 3,23; cf. também João 6,42). Contrariamente, afirma que o filho de Maria é que é *o carpinteiro*. Além do mais, enquanto Jesus é chamado *o filho de Maria*, com o artigo que o determina, o mesmo não se diz de seu irmão Tiago, apresentado sem artigo. Como não afirmar, apoiando-se nessas observações, a indicação da verdade que a Igreja chama de virgindade perpétua de Maria?

Desde a Antiguidade até hoje, a menção a irmãos e irmãs suscita discussões e hipóteses. No século IV, três explicações foram formuladas. No ano 380, Helvídio sustentou que os irmãos de Jesus eram irmãos de sangue. Muitos reformadores e evangélicos ainda hoje insistem nessa afirmação. No ano 382, Epifânio explica que os irmãos de Jesus são filhos do matrimônio anterior de José. O Protoevangelho de Tiago afirma que, quando se fez a José a proposta de casar com Maria, ele retrucou: "Tenho filhos e sou velho, enquanto ela é moça". Dessa dupla explicação — o casamento anterior de José e sua condição de ancião — surge o costume de pintar ou de esculpir sua imagem de velho com o lírio da pureza na mão. Porém, a intenção primeira é a de visibilizar, através de José, a verdade sobre a virgindade perpétua de Maria. No ano 383, São Jerônimo interpreta o termo irmãos como sendo primos, isto é, trata-se dos filhos da mulher de Cléofas, que também se chamava Maria (cf. João 19,25) e era irmã da Mãe de Jesus. Tal explicação se tornou comum no ensinamento da Igreja Católica.

O que nos diz hoje a exegese bíblica? O termo hebraico *'ah* e o termo aramaico *'aha* são traduzidos em geral por *adelfós*, isto é, irmão, na Bíblia grega. Esses termos no ambiente lingüístico do Antigo Testamento têm uma ampla significação: irmão de sangue, primo, parente e até compatriota. A propósito, há vários exemplos. Fiquemos com dois: "Abrão disse a Ló: Que não haja discórdia entre mim e ti, entre meus pastores e os teus, pois somos irmãos" (Gênesis 13,8). Na realidade, Ló era sobrinho de Abrão. Não era seu irmão de sangue. "Jeú partiu para Samaria. Estando a caminho, encontrou os irmãos de Ozias, rei de Judá, e perguntou: 'Quem sois?'. Eles responderam: 'Somos irmãos de Ocozias'" (2 Reis 10,12-13). Na realidade, eles eram parentes de Ocozias. Não eram irmãos de sangue.

Embora não houvesse o termo primo no ambiente lingüístico do Novo Testamento, havia o termo em grego que poderia ser utilizado na tradução (*népsios*). Então, por que foi empregado o termo *adelfós*, cujo sentido corrente é o de irmão de sangue? Por fidelidade à mentalidade judaica? Provavelmente. Tal uso, no entanto, é que ocasiona discussões.

Do ponto de vista da exegese, há que se observar que os Evangelhos não chamam os irmãos e as irmãs de Jesus de filhos de Maria. De fato, em nenhum lugar do Novo Testamento está escrito que Maria teve outros filhos. Além disso, os relatos da infância apresentam Jesus como filho único de Maria.

Há alguns textos, fora dos Evangelhos, que apresentam, ao lado dos apóstolos, os irmãos de Jesus como parentes próximos, isto é, primos (cf. Atos 1,14; 1 Coríntios 9,5). A menção dos *irmãos do Senhor*, até com a lista de nomes, parece ser um sinal de honra e de distinção. Nesse sentido, o mesmo acontece com a nomeação de Maria, a mãe de Jesus, ao ser citada.

Os textos bíblicos são acolhidos, lidos e interpretados, conforme a fé e a tradição viva da Igreja, sob a orientação do Magistério. Portanto, com a fé na virgindade perpétua de Maria é que os textos referentes aos irmãos e às irmãs de Jesus devem ser lidos e interpretados.

A Igreja, ao proclamar Maria sempre Virgem, ensina que a Mãe de Jesus se consagrou ao Deus uno e trino, nas relações com cada Pessoa divina da Trindade. Tal consagração a fez total e intimamente solidária e colaboradora de seu Filho em sua missão salvífica. A virgindade é, pois, claro sinal de sua consagração total a Deus. Expressa sua santidade ou pureza de vida, em função do Cristo e de sua obra a nosso favor. A virgindade de Maria é amor e doação total e exclusiva a Deus em Cristo.

Além disso, é um ato de fé na intervenção do Criador na criatura com seu poder e com seu amor. Aliás, esse argumento convenceu Maria sobre o nascimento de seu Filho mediante a concepção virginal, pois "para Deus, com efeito, nada é impossível" (Lucas 1,37). Se Isabel, estéril, gerava uma criança no sexto mês, também a jovem podia ser mãe continuando virgem. De fato, não se pode limitar o poder divino.

3. Maria é imaculada

Maria foi concebida sem a mancha do pecado original. Por isso, é chamada de Imaculada Conceição. Essa verdade sobre Maria não se encontra explicitamente nas Escrituras. Muitos teólogos afirmam que implicitamente está presente nos seguintes textos: "Porei hostilidade entre ti e a mulher e entre a tua descendência e a dela. Ela te esmagará a cabeça e tu lhe ferirás o calcanhar" (Gênesis 3,15); "Alegra-te, cheia de graça, o Senhor está contigo" (Lucas 1,28); "Bendita és tu entre as mulheres e bendito é o fruto do teu ventre" (Lucas 1,41).

Os Padres gregos e os latinos não ensinam explicitamente que Maria foi concebida sem pecado. No entanto, seu ensinamento contém idéias fundamentais que foram desenvolvidas até a formação do dogma católico. Por exemplo, o diácono Santo Efrém, que viveu entre 306 e 373, diz: "Vós e vossa Mãe sois os únicos perfeitamente belos em todos os aspectos; pois, em vós, Senhor, não há mancha, e em vossa Mãe não há mácula" (*Carmina Nisib.*, 27). O mesmo diácono ensina: "Duas inocentes, duas pessoas simples, Eva e Maria, eram completamente iguais. Porém, sem dúvida, mais tarde uma foi causa de nossa morte e a outra, causa de nossa vida" (*Op. Syr.*, II, 327).

Como harmonizar o privilégio mariano de ser imaculada com a universalidade do pecado original e a necessidade também universal da redenção? São Bernardo, São Boaventura, Santo Alberto Magno e Santo Tomás de Aquino, entre outros teólogos, não sabendo harmonizar, declararam-se a favor da santificação de Maria antes do nascimento, mas foram contra a doutrina sobre a santificação desde o início da concepção.

O franciscano Duns Scotus abriu um caminho mais luminoso para a compreensão da fé. Necessitando de redenção como todo o gênero humano, Maria foi preservada, em previsão dos méritos de seu Filho, desde o início de sua concepção. Trata-se, pois, de redenção preservadora e não reparadora do pecado. Assim sendo, foi remida de modo mais perfeito. A exceção na maneira de ser confirma a regra de que todos nós necessitamos da redenção de Cristo.

O Papa Pio IX, após consulta ao episcopado, proclamou no dia 8 de dezembro de 1854, com a Bula *Ineffabilis*, que é verdade revelada por Deus que a "beatíssima Virgem Maria, no primeiro instante de sua conceição, foi preservada imune de toda mancha da culpa original por singular privilégio e graça de Deus onipotente, em atenção aos méritos de Cristo Jesus, Salvador do gênero humano". Praticamente, o Papa segue o pensamento de Duns Scotus.

Por conceição se entende o primeiro instante da concepção de Maria, quando Deus cria-lhe a alma e a infunde. A essência do pecado original é a carência culpável da graça santificante devido à queda de Adão e Eva. Maria foi preservada dessa carência, começando a existir com a graça santificante. Trata-se de dom imerecido e de privilégio singular ou único. A onipotência divina é a causa eficiente. Os méritos do Cristo Salvador é a causa meritória. A maternidade divina é a causa final: a fim de que ela fosse Mãe digna do seu divino Filho. Por isso, ela é chamada muito apropriadamente de Maria Santíssima. Repugna a qualquer católico pensar, e muito mais dizer, que ela tivesse cometido qualquer pecado, ainda que leve ou venial.

Conseqüentemente, é afirmação comum que, livre do pecado original, Maria foi libertada de todos os movimentos da concupiscência. Trata-se de inclinações a desejos desordenados ou pecaminosos: "A concupiscência da carne, a concupiscência dos olhos, o orgulho ou a cobiça da riqueza" (1 João 2,16). Por isso, a santidade de Maria coincide com a eminência de suas virtudes que a tornam exemplo de vida a ser imitado, depois de Jesus.

4. Maria é glorificada

É afirmação comum dizer que Maria morreu. Faleceu, não devido à pena do pecado original, da qual foi isenta, mas porque estava submetida à lei universal e, muito mais, porque foi associada e conformou-se ao seu Filho também em sua morte por nós. O falecimento de Maria é a entrega serena ou a oferta definitiva de todo o seu ser à vontade amorosa de Deus. Faleceu como viveu, na fé e na fidelidade, totalmente para o Senhor. De sua morte pode-se, com maior intensidade, dizer o que Paulo afirmou da sua morte: "Cristo será engrandecido no meu corpo, pela vida ou pela morte. Pois para mim o viver é Cristo e o morrer é lucro" (Filipenses 1,20-21). Pode-se também aplicar à morte de Maria, quanto à sua intenção, as últimas palavras de seu Filho: "Pai, em tuas mãos entrego o meu espírito!" (Lucas 23,46).

Não há fundamentação bíblica para a assunção de Maria aos céus em corpo e alma. No entanto, no Oriente, desde o século VI, e em Roma, desde o final do século VII, nas celebrações litúrgicas festejava-se a dormição, o trânsito ou a passagem de Maria. Primeiramente, houve a centralidade na morte de Maria. A seguir, o foco passou a ser a incorruptibilidade de seu corpo e sua elevação aos céus.

A assunção decorre da íntima associação da Mãe com seu Filho desde a encarnação até a morte de cruz e, portanto, também em sua glorificação e ascensão à direita do Pai. Por conseguinte, Maria é assunta aos céus devido a seus privilégios: preservação do pecado, maternidade divina, virgindade perpétua ou consagração total até a morte, participação na obra redentora de Cristo.

O Papa Pio XII, depois de ter consultado todos os bispos, proclamou o dogma da Assunção, no dia primeiro de novembro de 1950, Solenidade de Todos os Santos, pela Constituição *Munificentissimus Deus*. Diz o Papa que "a Imaculada Mãe de Deus e sempre Virgem Maria, depois de terminar o curso de sua vida terrena, foi elevada em corpo e alma à glória do céu".

O corpo de Maria é glorificado à semelhança do corpo de Jesus Ressuscitado. Na morte e na assunção, ela já participa com plenitude da Páscoa da ressurreição. Também para ela vale o emprego das imagens, que foram utilizadas por Paulo, para exprimir a novidade do corpo transformado ou transfigurado por Deus: incorruptível, reluzente de glória, cheio de força, espiritual (cf. 1 Coríntios 15,42-44).

Acolhida nos céus, a Virgem reina com Cristo, o Senhor. Desde a Antiguidade, os Padres a celebram como Senhora, Soberana e Rainha. A razão de sua dignidade régia reside na maternidade divina. Ela participa do reinado de seu Filho, como Mãe do Messias e Mãe da Vida. Também se fundamenta na sua íntima união com Cristo na obra redentora, enquanto Mãe e colaboradora na graça, como nova Eva unida ao novo Adão no sofrimento. Nesse sentido, o reinado da Virgem passa, à semelhança do senhorio de Jesus, do sofrimento da paixão e morte para a glória definitiva. Reinando na glória, intercede por nós como nossa Mãe celeste. Torna-se medianeira de graças e de bênçãos para a Igreja e para todos que a invocam, pois vive e reina com Cristo, por Cristo e em Cristo, na comunhão com o Pai e o Espírito Santo.

Conclusão

Os dogmas ou as verdades definidas pelo Magistério da Igreja sobre Maria igualmente dizem respeito a Cristo Jesus e afirmam seu mistério e missão. Por isso se diz que a mariologia decorre da cristologia e muito a beneficia. De fato, os dogmas marianos realçam as grandes verdades sobre Jesus. Nesse sentido, o Catecismo da Igreja Católica afirma que "o que a fé católica crê acerca de Maria funda-se no que ela crê acerca de Cristo, mas o que a fé ensina sobre Maria ilumina, por sua vez, a sua fé em Cristo" (n. 487).

Questionário

1. Como se explica o título de Maria Mãe de Deus?
2. Comente a frase: Maria é virgem antes, durante e depois do parto.
3. Como se explica que Maria foi preservada do pecado original?
4. O que significa afirmar que Maria foi elevada aos céus em corpo e alma?

Oração

Ó Mãe de Deus, protegei-nos como cuidastes de vosso Filho Jesus.
Nós nos colocamos sob vosso cuidado porque também vós sois
nossa Mãe.
Como o discípulo aos pés da cruz, nós queremos vos levar
conosco para nossa casa e para nossa vida.
Ó Virgem Imaculada, olhai com amor materno os pobres
e humilhados, os presos e enfermos, e todos que confiamos em
vós para que não percamos a esperança e o sentido da vida.
Rogai pelos pecadores para que se convertam à mensagem
de vosso Filho e creiam em seu amor e aceitem seu perdão.
Assisti os agonizantes na hora extrema da morte e conduzi-nos
a Jesus, agora e para a eternidade.
Amém.

Nosso culto a Maria

O culto cristão é de adoração e de louvor às Pessoas divinas da Santíssima Trindade: Pai, Filho e Espírito Santo. Adorar significa reconhecer a divindade. Por isso, dizemos *adorar só a Deus*. Adora-se o Pai "em espírito e verdade" (João 4,23) porque ele é Deus, criador de todas as coisas. Adora-se o Filho porque "o Verbo é Deus" (João 1,1) e "nele habita corporalmente toda a plenitude da divindade" (Colossenses 2,9). Adora-se o Espírito Santo porque ele é "o Espírito da Verdade que vem do Pai" (João 15,26). É o amor pessoal do Pai para com o Filho e do Filho para com o Pai.

Do Pai pelo Filho no Espírito Santo tudo provém, seja na ordem da criação, seja na ordem da salvação ou da graça. Por isso, "todo dom precioso e toda dádiva perfeita vêm do alto e desce do Pai das luzes, no qual não há mudança nem sombra de variação" (Tiago 1,17). Todo dom vem pelo Filho de cuja "plenitude todos nós recebemos graça por graça" (João 1,16). O Espírito Santo é o próprio dom divino no qual nós recebemos os talentos e os carismas, pois "o único e mesmo Espírito tudo realiza, distribuindo os seus dons a cada um, conforme lhe apraz" (1 Coríntios 12,11).

1. Maria está inserida no culto cristão

*D*eus é adorável, pois somente ele é o Senhor Deus, vivo e verdadeiro. No entanto, Maria é admirável enquanto elevada acima de qualquer criatura por sua íntima relação com cada Pessoa da Santíssima Trindade: Filha predileta do Pai; Mãe Imaculada do Verbo Encarnado; Esposa Santíssima do Espírito Santo.

Maria é admirável na gratuidade de seus privilégios: a Imaculada Conceição, a Maternidade Divina, a Virgindade Perpétua, a Assunção Corpórea ao Céu. É admirável pelo lugar especial que ocupa, no plano de nossa salvação e na comunhão dos santos, a Igreja, como membro mais importante ou eminente do Corpo Místico de Cristo.

Por tudo isso, é honrada e louvada com especial ou grande veneração (*hiperdulia*) ao contrário dos demais santos, a quem se dedica apenas uma veneração (*dulia*). Os próprios anjos com os santos e eleitos reconhecem que Deus, admirável em todas as suas obras, é reconhecido na pessoa e na vida de Maria como sendo "o Todo-Poderoso que fez grandes coisas a seu favor" (Lucas 1,49). Os fiéis de Cristo reconhecem que Deus é admirável em seus santos e muito mais em Maria, cheia de graça, a santíssima.

O culto a Maria possui fundamentação bíblica. Decorre do louvor contido na saudação do anjo: "Alegra-te, cheia de graça, o Senhor está contigo!" (Lucas 1,28). A Igreja repete essa mesma saudação com freqüência: Ave Maria! Decorre do louvor e do reconhecimento contido na exclamação de Isabel: "Bendita és tu entre as mulheres e bendito é o fruto do teu ventre!" (Lucas 1,42). A Igreja na oração da ave-maria repete tais palavras. Enfim, a própria Virgem reconhece que "doravante todas as gerações me chamarão de bem-aventurada" (Lucas 1,48).

O louvor a Maria é registrado durante a vida pública de Jesus, quando uma mulher anônima exclamou: "Feliz o seio que te trouxe e os peitos que te amamentaram" (Lucas 11,27). Indiretamente, Jesus louva sua Mãe ao afirmar: "Felizes antes os que ouvem a palavra de Deus e a põe em prática" (Lucas 11,28). Com efeito, a Virgem é incluída nessa bem-aventurança como ouvinte e praticante. Tal aspecto tão importante da vida mariana é também motivo de honra e louvor. Contudo, merece ainda nosso louvor agradecido pelo que fez e padeceu, em união com Cristo por nós, desde o sim da Encarnação até o sim junto à cruz.

Presente na vida da Igreja, desde Pentecostes, agora glorificada no céu, é mais atuante ainda enquanto é "auxílio dos cristãos, consoladora dos aflitos e refúgio dos pecadores", como repetimos na Ladainha. De fato, junto ao Ressuscitado, ouve as súplicas e intercede por nós, que somos seus filhos e fiéis de Cristo. Por isso, é honrada e louvada como sendo a nossa intercessora e medianeira junto a Jesus, "único Mediador entre Deus e os homens" (1 Timóteo 2,6). A Igreja repete: "Santa Maria, Mãe de Deus, rogai por nós, pecadores, agora e na hora da nossa morte".

2. Maria é honrada na Liturgia

O Concílio Vaticano II renovou a Liturgia Católica, retornando às Fontes Bíblicas e às da Tradição. Ensina que a obra de Cristo continua na Igreja e se coroa em sua Liturgia. Esclarece que ele está presente na Liturgia, especialmente na Celebração Eucarística. Ela é fonte de vida e de luz para a Igreja. Dela a graça se deriva para nós. Por ela, são obtidas a santificação dos homens em Cristo e a glorificação de Deus, para a qual tendem as demais obras da Igreja (cf. *Sacrosanctum*

Concilium, I, 10). Enfim, pela Liturgia, o próprio Jesus continua sua função sacerdotal (cf. *Sacrosanctum Concilium*, IV, 83).

O papa Paulo VI apresenta a Virgem Santíssima na Liturgia restaurada pelo Concílio. Faz-nos ver que a memória da Mãe foi inserida no ciclo anual dos mistérios do Filho, de modo mais orgânico e conexo (cf. *Marialis Cultus*, 2).

No Tempo do Advento, o culto ao Cristo que vem é articulado com o da Mãe, pois ela o aguarda e espera. Nesse mesmo tempo litúrgico, destaca-se a Solenidade da Imaculada Conceição (em 8 de dezembro), pela qual Maria, livre do pecado original, é preparada para a vinda do Senhor. Destaca-se também a novena do Natal (de 17 a 24 de dezembro) e o último domingo do Advento, quando são lidas as palavras proféticas sobre a Virgem Mãe e o Messias, e são proclamados o anúncio do nascimento de João, o Precursor, e do próprio Jesus (cf. *Marialis Cultus*, 3-4).

No Tempo do Natal, temos a memória da maternidade divina. Na oitava, celebra-se Maria como Mãe de Deus e Rainha da Paz (em primeiro de janeiro). Assim, recupera-se a mais antiga solenidade, dedicada a Nossa Senhora, na Igreja de Roma. No domingo dentro da oitava, festa da Sagrada Família, ela é contemplada, em sua vida santa, com Jesus e José, na casa de Nazaré. Continua presente na Epifania como *Mãe do Rei*, quando apresenta Jesus para ser adorado pelos Magos e por todos os povos (cf. *Marialis Cultus*, 5).

Na Anunciação do Senhor (em 25 de março), a solenidade celebra o sim do Verbo que se faz carne e o sim de Maria que o acolhe (cf. *Marialis Cultus*, 6). Na Apresentação do Senhor (em 2 de fevereiro), temos a memória do Filho e da Mãe que o conduz ao templo (cf. *Marialis Cultus*, 7). Na Assunção (em 15 de agosto), a glorificação de Maria é a configuração plena com Cristo Ressuscitado. Prolonga-se na celebração de sua realeza, logo após (em 22 de agosto), sentada ao lado do Rei como Rainha e Intercessora (cf. *Marialis Cultus*, 6).

Na Natividade (em 8 de setembro) se recorda, com o nascimento de Maria, a esperança e a aurora da salvação em Cristo; na Visitação (em 31 de maio), ela vai à casa de Isabel para auxiliá-la na caridade e proclama a misericórdia de Deus Salvador; na memória de Nossa Senhora das Dores (em 15 de setembro), partilha do sofrimento de seu Filho, exaltado na cruz (cf. *Marialis Cultus*, 7).

Há outras festas ligadas ao culto local e que alcançaram um âmbito mais vasto, como Nossa Senhora de Lourdes (em 11 de fevereiro), a Dedicação da Basílica de Santa Maria Maior, em Roma (em 5 de agosto). Há também festas cuja origem remonta a Famílias Religiosas, como Nossa Senhora do Monte do Carmo (em 16 de julho) e Nossa Senhora do Rosário (em 7 de outubro). Outras se originaram dos evangelhos apócrifos, como a Apresentação de Nossa Senhora (em 21 de novembro), ou exprimem uma devoção mais recente, o Imaculado Coração de Maria (o sábado após o segundo domingo depois de Pentecostes) (cf. *Marialis Cultus*, 8). O Papa Pio XII, em 1942, instituiu essa celebração para realçar a interioridade da Mãe de Jesus, a partir do símbolo do coração, morada do Espírito Santo e sede da sabedoria (cf. Lc 1,35). Maria, meditando em seu coração, guardava os fatos e as palavras do seu Filho (cf. Lc 2,19).

Além disso, há festas e solenidades dos calendários particulares, próprios das diversas Igrejas locais. No Continente Latino-Americano, celebra-se a festa de Nossa Senhora de Guadalupe com o título de Padroeira da América Latina (em 12 de dezembro). Em nossa Pátria Brasileira, celebra-se a Solenidade de Nossa Senhora da Conceição Aparecida com o título de Padroeira do Brasil (em 12 de outubro). Há que se acrescentar a devoção do sábado, em que se celebra a memória da Virgem, sempre que possível (cf. *Marialis Cultus*, 9).

Maria é modelo da Igreja no culto litúrgico prestado a Deus. Ela é a Virgem que sabe ouvir e acolher a Palavra de Deus com fé (cf. *Marialis Cultus*, 16 e 17). É a Virgem dada à oração, como testemunha o *Magnificat* (cf. Lucas 1,46-55), cujo cântico se tornou oração da Igreja inteira, em todos os tempos. Aparece em Caná, com uma necessidade temporal, manifestada ao Filho (cf. João 2,1-12), e junto aos apóstolos e com as mulheres é presença orante para a Igreja nascente e a Igreja de todos os tempos, como intercessora no céu (cf. *Marialis Cultus*, 18). É a Virgem oferente, na apresentação de Jesus no templo (cf. Lucas 2,22-35), e ao unir-se à obra da Salvação, oferecendo-se com Cristo ao Pai (cf. João 19,25) (cf. *Marialis Cultus*, 20).

Maria é mestra de vida espiritual. Ensina aos fiéis de Cristo que façam da própria vida um culto a Deus. Conforme disse Santo Ambrósio, no século IV: "Que em cada um de vós haja a alma de Maria para bendizer o Senhor; e em cada um de vós esteja o seu espírito, para exultar em Deus!". Assim sendo, o culto se torna compromisso vital, aquele que não separa a vida do ato de fé, nem divorcia a fé vivida do culto celebrado (cf. *Marialis Cultus*, 21). É um apelo à coerência.

3. Maria é honrada na devoção

Paulo VI chama os atos de devoção mariana, tão apreciados pelo Povo de Deus, de *exercícios de piedade para com a Virgem Maria*. Insiste que eles exprimam a característica trinitária e cristológica que lhe pertencem. Portanto, a devoção a Maria repete o mesmo estilo do culto na Liturgia, sempre relacionado ao Pai por Cristo no Espírito Santo (*Marialis Cultus*, 25).

Tudo na Virgem Maria está relacionado a Cristo e depende dele. Em vista de Jesus Cristo, ela foi pensada por

Deus-Pai, desde toda a eternidade, santificada e ornada com os dons do Espírito Santo. Desse modo, a devoção à Virgem contribui para aumentar o devido culto ao próprio Cristo Jesus (cf. *Marialis Cultus*).

A intervenção santificadora em Maria foi um momento culminante da ação do Espírito Santo na história da salvação que a tornou fecunda e apta para ser a Mãe de Deus. Tudo o que há de belo e de bom em Maria se atribui à presença esponsal do Espírito Santo. Recorrendo à sua intercessão, obtém-se o Espírito na própria alma, como rezava Santo Ildefonso: "Que eu ame Jesus naquele mesmo Espírito, no qual tu o adoras como Senhor e o contemplas como Filho!" (*Marialis Cultus*, 26). Por isso, a devoção mariana pode nos aproximar do Espírito Santificador.

Os *exercícios de piedade* de veneração a Maria manifestam o lugar que Ela ocupa na Igreja. Depois de Cristo, o mais alto e o mais perto de nós. Daí decorre que em todas as igrejas e templos há sempre uma imagem que representa a presença de Maria e o lugar que os fiéis de Cristo lhe reservam (cf. *Marialis Cultus*, 28).

A própria ação da Igreja no mundo prolonga a solicitude, cheia de amor e de caridade da Virgem Maria para com os fracos e pobres, e a paz social. Sobretudo, a preocupação pela difusão do Evangelho, dever primeiro da Igreja, para que "todos os homens cheguem ao conhecimento da verdade" (1 Timóteo 2,4) e participem do dom da salvação em Cristo (cf. *Marialis Cultus*).

Enfim, o amor à Igreja se traduz em amor para com Maria. A recíproca também é verdadeira. Quem ama a Virgem Maria, também ama a Igreja. Por isso, não se pode falar bem da Igreja a não ser quando aí estiver Maria, a Mãe do Senhor (cf. *Marialis Cultus*). De fato, ela se encontra sempre na Igreja Católica e o católico sempre a leva consigo (cf. João 19,27).

O Prefácio da Missa — Maria, Modelo e Mãe da Igreja — sintetiza seu constante relacionamento conosco:

> Ao dar à luz o Fundador, acalentou a Igreja que nascia. Recebendo aos pés da cruz o testamento da caridade divina, assumiu todos os seres humanos como filhos e filhas, renascidos para a vida eterna, pela morte de Cristo. Ao esperar com os Apóstolos o Espírito Santo, unindo suas súplicas às preces dos discípulos, tornou-se modelo da Igreja orante. Arrebatada à glória dos céus, acompanha até hoje com amor de mãe a Igreja que caminha na terra, guiando-lhe os passos para a pátria, até que venha o dia glorioso do Senhor (Missal Romano).

Há muitas expressões de devoção mariana. Há a recitação do *Angelus* e a Ladainha, o Ato de Consagração e o Escapulário, os Santuários e Peregrinações, o Mês de Maio e Coroações, as Imagens e Procissões, as Pinturas e Estandartes, os Hinos e Cânticos, as Estampas e Medalhas, as Paróquias e Capelas que lhe são dedicadas.

O rosário é de todas as práticas devocionais a mais recomendada pelos Papas para a veneração mariana por ser oração bíblica que une a prece recitativa à contemplação dos mistérios da vida de Cristo e de Maria. Já foi chamado de "o Compêndio de todo o Evangelho" (*Marialis Cultus*, 42).

João Paulo II acrescentou-lhe os mistérios luminosos para que fossem introduzidos os principais momentos da vida pública de Jesus: o batismo no Jordão, o início dos sinais em Caná, a pregação do Reino e a conversão, a transfiguração, a instituição da Eucaristia (cf. *Rosarium Virginis*, 21). Insistiu que se contemplasse Jesus com o olhar de sua Mãe e ela fosse contemplada com o olhar de Jesus. Também propôs que se fizesse a recordação de Cristo em união com Maria (cf. *Rosarium Virginis*, 13). Ela é apresentada como escola de Cristo a nos ensinar nossa configuração a ele em união com ela (cf. *Rosarium Virginis*, 13-14). Enfim, insiste que supliquemos e anunciemos Cristo com Maria (cf. *Rosarium Virginis*, 16-17). Desse modo, não só enriquece o sentido da oração e da meditação do rosário, mas educa para que façamos desse método de rezar um caminho de assimilação do Mistério (cf. *Rosarium Virginis*, 26).

Conclusão

O culto da bem-aventurada Virgem Maria tem sua razão de ser na vontade de Deus que, na sua liberdade e no seu amor, realiza todas as coisas, segundo seu plano salvífico. Ele a amou e fez por ela grandes coisas (cf. Lucas 1,49). Amou-a por causa de Si Mesmo e por causa de nós. Ele a deu a si mesmo e também a deu a nós (*Marialis Cultus*, 56).

Conclui-se que o culto à Virgem Maria é integrante da vida cristã. Por isso, está presente na Liturgia e acompanha a Igreja desde sempre, como confirmam as Escrituras e a Tradição viva. Ao contrário, as expressões de devoção mariana, embora também sejam decorrentes da veneração à Mãe de Deus e devam ser orientadas para a Liturgia, nascem da necessidade ou do gosto pessoal ou comunitário, em determinado tempo, e podem ser acrescidas ou substituídas por outras. Eventualmente, devem ser renovadas e purificadas para estarem mais de acordo com a fundamentação bíblica do culto e tenham mais conteúdo cristológico e eclesiológico.

Questionário

1. O que é adoração a Deus?
2. O que é veneração a Maria?
3. Por que o culto e a devoção a Maria nos aproximam de Cristo?
4. Explique a frase: Quem ama a Virgem Maria ama também a Igreja.

Oração

Ó Virgem Maria, nós vos veneramos porque vós sois a Mãe de Deus e nossa.

Sois santa e imaculada, consagrada a Cristo, vosso Filho, e unida ao Espírito Santo.

Ó Mãe da Igreja, dai-nos amar a família dos filhos de Deus e dos irmãos de Jesus.

Nós vos pedimos por todos os fiéis que participam de nossas paróquias e comunidades e os demais, espalhados pelo mundo inteiro.

Pedimo-vos pelos fiéis leigos, para que vivam os sacramentos do Batismo e da Crisma e da Eucaristia pelo testemunho da fé, do amor e da esperança.

Pelos fiéis casados, para que expressem pelo sacramento do Matrimônio seu amor conjugal e sejam responsáveis na construção da própria família.

Pedimo-vos pelo Papa, para que seja reconhecido e amado como Sucessor de Pedro e Vigário de vosso Filho.

Pelos Bispos, para que sejam acolhidos e respeitados como Sucessores dos Apóstolos.

Pelos sacerdotes, para que vivam como ministros do vosso Filho, Mestre e Sacerdote.

Pelos diáconos, para que sejam servidores disponíveis do Povo de Deus.

Pedimo-vos pelos religiosos e religiosas, para que expressem sua consagração a Deus no mundo, pela vivência dos conselhos evangélicos e dos diferentes carismas de suas Ordens, Congregações ou Institutos.

Ó Maria, abençoai e defendei a Igreja do vosso Filho na variedade de seus dons, serviços e ministérios!

Amém.

A veneração das imagens de Jesus, de Maria e dos santos

A imagem retrata não só a visão estética do artista. Ela reproduz também sua compreensão do Mistério. Nenhuma imagem consegue reproduzir a totalidade. É sempre um olhar pessoal ou subjetivo, ainda que torne visível um aspecto objetivo do patrimônio comum da fé. A imagem é sempre imperfeita para retratar o Mistério, embora possa ser perfeita e valiosa no sentido estético ou artístico.

Quando se trata da imagem de Maria, também o artista apresenta parte da verdade do ser e missão dela. Manifesta apenas alguns elementos do culto ou da devoção mariana. Está longe de manifestar todo o Mistério e toda a beleza da Mãe do Senhor. O mesmo se diga das imagens dos santos e santas.

1. O Antigo Testamento proíbe as imagens

O Antigo Testamento é contra a fabricação de imagens do Deus vivo e verdadeiro. Proíbe inclusive que se pronuncie seu Nome para salvaguardar o respeito à sua divindade e santidade. A proibição atinge a representação de Deus, devido à verdade do Mistério. Ele é Deus invisível e incompreensível. É puro espírito, pois não tem matéria. Portanto, toda reprodução seria fruto da concepção da mente humana limitada. Não esgotaria o sentido absoluto ou total da realidade divina.

Outro motivo é de ordem prática, mas atinge também o Mistério. Em ambiente politeísta, os povos vizinhos de Israel adoravam vários deuses. Eram entidades idealizadas pela mente do homem, exteriorizadas por suas mãos. Inclusive tais povos muitas vezes adoravam os astros e as forças da natureza. Então, a severa proibição ajudava o Povo de Israel a se educar na adoração fiel ao Deus, único, vivo e verdadeiro, criador de todas as coisas. Tal fidelidade é a própria Aliança de exclusividade:

> Vós sereis o meu povo e eu serei vosso Deus
> E vós sabereis que eu
> sou vosso Deus
> (Êxodo 6,7; cf. Gênesis 17,7-8).

Por razões práticas ou educativas, mas que também atingem o Mistério, há a proibição de representar os seres criados e de adorar e venerar os ídolos dos pagãos (cf. Êxodo 20,4-5). Tais ídolos são chamados de mudos. Suas estátuas têm boca, mas não falam. Ao contrário, o Deus vivo e verdadeiro se dá a conhecer mediante sua Palavra (cf. Salmo 115[113B]; cf. Sabedoria 15,15-17).

A proibição de construir imagens, porém, não foi absoluta. Segundo a lei de Moisés, há exceções:

> Farás dois querubins de ouro, de ouro batido os farás, nas duas extremidades do propiciatório; faze-me um dos querubins numa extremidade e o outro na outra; farás os querubins formando um só corpo com o propiciatório, nas duas extremidades. Os querubins terão as asas estendidas para cima e protegerão o propiciatório com suas asas, um voltado para o outro. As faces dos querubins estarão voltadas para o propiciatório. Porás o propiciatório em cima da arca; e dentro dela porás o Testemunho que te darei (Êxodo 25,18-21).

Observa-se que, sendo anjos, os querubins são puros espíritos, isto é, não têm matéria. Mesmo assim, são reproduzidos, de forma livre, com face humana e com asas de animal. Na realidade, são esfinges aladas. Nota-se, porém, que sua construção respeita o sentido da proibição anterior, pois não foram feitos nem para adoração nem para veneração. Eles estão sobre a Arca da Aliança e apontam para a santidade divina. Por isso, sua importância é relativa. Apontam para a relevância dada à arca como sinal da Aliança contida na Lei do Senhor.

Outra exceção era a própria Arca da Aliança, enquanto objeto de devoção ou de culto. Simbolizava a presença do Deus Santo no meio do seu povo, durante o Êxodo até a conquista da terra prometida. Por isso, os sacerdotes a carregavam em procissão (cf. Deuteronômio 31,9). Servia, pois, de santuário móvel que acompanhava Israel. Era considerada sagrada, portadora de benefícios e de malefícios. Daí a exigência de santidade para quem quisesse dela se aproximar (cf. 1Samuel 6,19-20).

Há vários testemunhos que diante da arca os fiéis se encontravam com Deus. Samuel, que "estava deitado no santuário de Iahweh, no lugar onde se encontrava a Arca de

Deus (1 Samuel 3,3), ouve o chamado do Senhor e responde: "Fala que o teu servo escuta" (1 Samuel 3,10). Ana faz uma súplica *diante de Iahweh*, ou seja, diante da Arca ao expor sua alma amargurada (cf. 1 Samuel 1,9-11). Davi também conversa com Deus diante da Arca e promete construir-lhe o templo: "Eu te edificarei uma casa" (2 Samuel 7,27).

Outra exceção se liga também a Moisés, o legislador. Deus lhe diz: "Faze uma serpente abrasadora e coloca-a em uma haste. Todo aquele que for mordido e a contemplar viverá" (Números 21,8). A imagem da serpente se torna sinal da presença do Deus da salvação e da vida, no caminho do povo pelo deserto. De fato, "se alguém era mordido por uma serpente, contemplava a serpente de bronze e vivia" (Números 21,9). Conclui-se que, mudando o significado, mudava também a proibição tão severa de fabricar imagens. Elas eram permitidas. Logo, o problema não estava na construção da imagem, mas em sua utilização.

Em todo caso, nunca se deve esquecer que a mais perfeita imagem de Deus no mundo é o homem e a mulher, suas criaturas livres e inteligentes. Pelo poder de sua palavra, foram criados à sua imagem e semelhança (cf. Gênesis 1,26). O texto acrescenta: "Deus criou o homem à sua imagem, à imagem de Deus ele o criou, homem e mulher ele os criou" (Gênesis 1,27). Assim, Deus se vê em nós: "Viu tudo o que tinha feito; e era muito bom" (Gênesis 1,31). Somos a expressão viva de sua liberdade, bondade e amor. A pessoa humana é a única criatura que ele quis por si mesma. Por isso, deve ser sempre respeitada em sua dignidade.

Deus é considerado também um oleiro ou um artesão que fabrica com as próprias mãos. Trata-se de expressiva imagem literária que reflete uma concepção humana da divindade. Diz o segundo texto da criação: "Iahweh Deus modelou o homem com a argila do solo, insuflou em suas narinas um hálito de vida e o homem se tornou um ser vivente" (Gênesis 2,7).

De tudo isso decorre que o homem e a mulher não foram criados para serem idolatrados, mas para reconhecerem sua origem no Criador que fez tudo do nada e lhes deu a existência a fim de serem felizes, participando de sua vida, na alegria deste mundo para a eternidade. Diz o texto sapiencial: "Deus criou o homem para a incorruptibilidade e o fez imagem de sua própria natureza" (Sabedoria 2,23).

2. A Igreja venera a imagem de Jesus

Em obediência ao ensinamento sobre o Mistério de Deus, invisível e incompreensível, a Igreja não representa sua imagem de Criador e de Pai. Também não representa a imagem do Espírito Santo, que também é invisível. Tanto o Pai quanto o Espírito são puros espíritos, isto é, não têm matéria. A pomba que representa o Espírito não é uma imagem do seu ser. É apenas um símbolo para lembrar à narrativa do batismo de Jesus. Não se venera nem se cultua uma pomba. O mesmo se diga dos demais símbolos: o fogo (*chamos*) e o vento (*ruah*). Eles lembram à narrativa de Pentecostes e outros textos que comparam a poderosa e transformadora ação do Espírito Santo à chama que inflama e aquece, e ao ar que impulsiona e sustenta a vida.

Jesus é o Verbo encarnado. Ele assumiu um corpo no seio de Maria. Portanto, tem uma face semelhante à nossa. Daí a Igreja representá-lo através de ícones, inclusive o símbolo da cruz. Entretanto, a Igreja não adora a imagem do Redentor. Ela adora o próprio Redentor, vivo em sua glória e presente no meio de nós, especialmente na Sagrada Eucaristia.

A imagem do Redentor não é a imagem de um ídolo, isto é, não reproduz um ser imaginário e inexistente, fabricado por mãos humanas para ser reconhecido como se fosse um deus. Jesus é verdadeiramente Deus com o Pai e o Espírito Santo e verdadeiramente homem, existente como nós. Por isso, não é um mito. Ele entrou na nossa história humana quando assumiu um corpo. Viveu no tempo, morreu e ressuscitou. Inclusive, ele tem sua própria história. Atualmente, está na glória do Pai com sua divindade e com nossa humanidade.

Por causa da encarnação, a representação de sua imagem é legítima. Sua figura expressa nossa fé em sua humanidade. Por isso, qualquer imagem de Jesus é venerável, independentemente de sua beleza e de seu valor artístico. Ela nos recorda sua vida e sua história entre nós. Ela projeta sobre nós sua pessoa divina mediante a figura de um corpo. Ela nos projeta também para o Cristo, vivo e vencedor, adorado como Deus verdadeiro em sua glória. É necessário, pois, passar da contemplação da imagem para a realidade do Mistério: sejam os mistérios do nascimento, da vida pública e da morte de cruz, sejam os mistérios da ressurreição e os de sua existência celeste.

Os ícones ou as imagens cristãs transcrevem a mensagem evangélica que as Escrituras do Novo Testamento, sobretudo os Evangelhos, transmitem. Desse modo, a imagem e a palavra se iluminam mutuamente. As imagens do presépio são cenas evangélicas do nascimento do Senhor. Jesus com a ovelha nos braços é a figura evangélica do Bom Pastor, a primeira imagem, reproduzida pelos primeiros cristãos de que se tem notícia. Cristo, apontando seu Coração, expressa todo seu amor por nós até o sacrifício extremo, síntese do Evangelho da graça. O crucifixo é a imagem mais densa ou mais forte do preço da nossa Redenção, momento culminante das narrativas evangélicas. A imagem de Jesus Ressuscitado é sinal da vitória sobre a morte, é a garantia da salvação, é a certeza do prêmio, é a conclusão de toda a esperança evangélica. O mesmo se pode dizer do crucifixo e do símbolo da cruz. Por isso, as imagens falam ou ensinam. Elas evangelizam pelo olhar. Dão expressão viva ao catecismo. São lembretes de passagens de sua vida, auxílio para passar ao invisível pelo visível.

A beleza e a cor das imagens estimulam a oração e nossa configuração a Cristo. A contemplação das imagens, com a leitura e a meditação da Palavra de Deus, harmoniza a oração pessoal e comunitária, especialmente as celebrações litúrgicas. A harmonia é dada pela relação entre a imagem e a palavra. Percebe-se semelhante relação no próprio Mistério de Cristo, que é simultaneamente a Palavra de Deus encarnada (cf. João 1,14; Hebreus 1,3) e a Imagem do Deus invisível (cf. Colossenses 1,15). Ele disse a Filipe: "Quem me viu, viu o Pai" (João 14,9).

3. A Igreja venera a imagem de Maria e dos santos

Todos os sinais eclesiais são relativos a Cristo, especialmente os sacramentos e os ritos simbólicos da Liturgia. Também as imagens sagradas. Por conseguinte, as imagens da Virgem Maria e as imagens dos santos se referem a Cristo Jesus. Significam que ele é glorificado em sua Mãe Santíssima e nas testemunhas vivas que confessaram a fé e deram a própria vida como os mártires.

Maria e os santos não são ídolos ou deuses. São criaturas humanas. Por isso, suas imagens não são adoradas. Não são mitos, pois foram figuras históricas que se tornaram heróis e heroínas da fé, em Cristo, pelo testemunho da palavra e da vida. São veneráveis em si e em suas imagens, que os recordam ou evocam passagens de sua vida terrena.

Eles manifestam "a nuvem de testemunhas" (Hebreus 12,1), número incontável dos participantes da salvação (cf. Apocalipse 7,9), aos quais estamos unidos pelo mistério da comunhão dos santos.

Através de ícones, eles nos manifestam que o homem e a mulher foram criados à imagem de Deus e transfigurados à sua semelhança, pelos merecimentos da morte e da ressurreição do Senhor.

As imagens remetem à nossa própria imagem de filho de Deus, irmão de Cristo e templo do Espírito Santo. Elas são apelos para que passemos da imagem para a semelhança, a fim de que sejamos santos como discípulos e imitadores de Cristo, na docilidade ao Espírito Santificador. Passa-se da imagem à realidade, ponto terminal.

A veneração das imagens da Virgem e dos santos nos remete à história exemplar de suas vidas no seguimento de Jesus Cristo e na fidelidade à Igreja. Elas nos projetam também para sua existência celeste, alimentando nossa esperança, em Cristo, para a eternidade feliz.

Não só nos templos, nos altares e nos objetos e utensílios litúrgicos é recomendável o uso de imagens. Também nas casas dos fiéis e nos lugares públicos ou de trabalho e lazer. Elas nos recordam Jesus em si mesmo ou em Maria e nos santos. Através de sua presença nossos afetos se unem ao Mistério, nossa mente e nossos lábios se elevam em prece de pedido ou de louvor.

Sem a presença de imagens e de símbolos, o mundo, a sociedade e a família se secularizam, isto é, perdem a experiência e o sentido do sagrado, e a expressão pública do catolicismo. Por isso, a Igreja nos educa a expressar nossa fé, tornando-a manifesta também através de objetos que a tornem visível. Conforme o tipo da imagem, fica claro que ali existe um cristão católico ou uma comunidade eclesial. Faz parte do ambiente católico a presença das imagens. Enfim, nossa palavra e nosso testemunho de vida iluminam as imagens que construímos, mas as imagens também dizem e expressam o que cremos.

Conclusão

Erigimos imagens para, através delas, venerarmos Jesus, Maria e os santos. Para nossa própria edificação. Para auxiliar a evangelização e a catequese. Para publicar nossa fé em família e em sociedade. Indicam-nos o caminho do seguimento de Cristo a fim de que imitemos sua santidade e suas virtudes, a exemplo de Maria e de todos os santos e santas, seus discípulos.

Esculturas e pinturas, produzidas pela concepção artística e religiosa do autor, sofrem influência do contexto histórico, mas também contribuem para a própria história da arte em geral e a história do culto cristão.

Cabe à evangelização e à catequese ensinar e lembrar que melhor do que se fixar na imagem, deve-se olhar firmemente para a pessoa viva que ela representa. O escritor sagrado nos convida a, diante da *nuvem de testemunhas*, corrermos para o certame com os olhos fixos no Autor e Realizador da fé, que suportou a cruz e está sentado à direita do trono de Deus (cf. Hebreus 12,1-2). Portanto, o olhar é retrospectivo para a vida ou a história de Jesus com sua repercussão na vida de Maria e dos santos. O olhar é também prospectivo para a realidade do Jesus celeste, de Maria e dos santos glorificados em Deus. Enfim, a meta de nossa santidade é ver Deus face a face, e nele veremos todos os que estão salvos.

Questionário

1. Qual é a diferença entre adorar e venerar?
2. Por que a Igreja venera a imagem de Jesus Cristo?
3. Por que a Igreja venera as imagens de Maria e dos santos?
4. Explique a norma: É preciso passar da fixação na imagem para a contemplação da pessoa viva que ela representa.

Oração

Ó Maria, nós veneramos vossa imagem em tantas imagens que
de vós compuseram.
Elas nos recordam vossa pessoa e vossa vida terrena.
Elas nos projetam vosso ser e vossa vida celeste, na glória.
Ó Mãe de Deus, nós contemplamos vossa imagem com a do
Menino Jesus, nos braços, o ícone que representa o mistério de
vossa maternidade divina.
Sois a Mãe de Cristo Jesus, o Verbo de Deus
feito homem para nos salvar!
Nós contemplamos vossa imagem, cujos braços irradiam graças
e bênçãos, enquanto os pés esmagam a cabeça da serpente, ícone
que representa vossa vitória, em Cristo, sobre o antigo Inimigo.
Sois a Mãe Imaculada do Redentor que nos deu a graça do
perdão, da filiação e da herança eterna!
Nós contemplamos vossa imagem de mãos postas, mestra de
oração, ícone que representa vossa consagração total a Deus,
no diálogo com o Senhor e na meditação dos mistérios de Cristo.
Sois a Sede da Sabedoria que tudo,
na memória e no coração, conservou!
Nós contemplamos vossa imagem a indicar-nos o coração,
ícone que representa a liberdade e a pureza de vosso ser,
pleno de amor a Deus.
Sois a toda bela porque santa para o Senhor
e bondosa para conosco!
Dai-nos meditar vossos mistérios nesta terra, ó Maria, para que
nós contemplemos vossa beleza, com a de vosso Filho,
na glória eterna.
Amém.

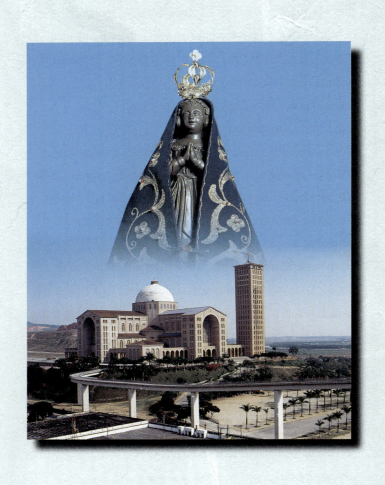

Maria, Estrela da Evangelização

O nascimento de Maria é aurora de nossa salvação. O início da realização do plano salvífico do Pai supõe o sim inicial da Virgem. Aquela que devia dar à luz (cf. Miquéias 5,2) condensa em si a expectativa do Antigo Testamento e, em certo sentido, a esperança de todos os mortais, quanto à realização da promessa da redenção (cf. Gênesis 3,15).

São Bernardo imagina que o mundo inteiro aguarda o sim de Maria:

> O anjo espera tua resposta: já é tempo de voltar a Deus, que o enviou. Também nós, Senhora, miseravelmente esmagados por uma sentença de condenação, esperamos uma palavra de misericórdia [...]; com uma breve resposta tua seremos recriados e novamente chamados à vida [...]; o triste Adão, expulso do paraíso com a sua pobre descendência, implora a tua resposta; Abraão a implora, Davi a implora. Os outros Patriarcas, teus antepassados, que também habitam a região das sombras da morte, suplicam essa resposta. O mundo inteiro a espera, prosternado a teus pés (Das Homilias de São Bernardo, em louvor da Virgem Mãe. In: *Liturgia das Horas*, 20 de dezembro).

A evangelização dos povos pelo anúncio de Jesus Cristo, único Salvador, inclui a resposta afirmativa de sua santíssima Mãe. A evangelização contínua ou permanente não pode prescindir de sua presença. Tal constatação enseja que os Bispos, reunidos em Puebla, diante das esperanças e dos desafios da evangelização do Continente Latino-Americano, contemplando o passado e fixando-se no presente para o futuro, assumissem o título, dado por Paulo VI: Maria, a Estrela da Nova Evangelização. Ela foi quem melhor entendeu e viveu o Evangelho. Ela nos deu — pela sua maternidade — o Logos, a Palavra eterna de Deus para a humanidade. Só assim, agora, será possível o *diálogo* (*dia-lógos*) dos mortais com a Imortalidade divina.

1. Revelações particulares e lugares de peregrinação

Jesus nos revelou tudo que diz respeito à nossa salvação. Trata-se da Revelação pública e objetiva. Esta termina com a morte do último apóstolo. Por conseqüência, não podemos admitir que haja outra revelação particular que acrescentasse algo de novo a tudo o que Jesus nos ensinou. A Revelação definitiva é a norma de conduta da Igreja.

A Igreja é a depositária e a guardiã da Revelação. Cabe à Hierarquia velar pelo *bom depósito* da fé, "por meio do Espírito Santo" (2 Timóteo 1,14). Através da pregação e da fé, e mediante os sacramentos, a Igreja nos comunica a redenção objetiva de Cristo e nos põe em contato com sua humanidade e divindade, pela ação do Espírito Santo.

Portanto, não se pode aceitar como norma de fé teologal ou divina, necessária para a salvação, as chamadas revelações particulares, ainda que sejam consideradas autênticas. Elas não esclarecem o ensinamento dado pela Revelação, pois tal esclarecimento compete ao Magistério Hierárquico, auxiliado pelo estudo dos teólogos. Também as revelações particulares não resolvem as questões em aberto, discutidas pelos teólogos. Portanto, nada dizem sobre o que devemos crer e também não estabelecem leis para a Igreja.

Se a autenticidade for reconhecida pela Autoridade da Igreja, as revelações particulares fazem parte do elemento profético e carismático que caracteriza a comunidade eclesial. Significa que Jesus ou Maria, movidos pelo amor à humanidade, vêm em auxílio de nosso modo de agir, em geral em tempo de crise ou de perplexidade.

Em geral, as aparições e as revelações particulares interessam diretamente ao vidente. Entretanto, mesmo sendo um carisma pessoal, ele é sempre dado para o bem e a edificação de todos. Por isso, as revelações particulares auxiliam ou socorrem a vida espiritual dos demais fiéis em determinada época da História.

Quando a Igreja aprova as aparições ou revelações particulares, após detalhado exame, diz que elas não se opõem à fé e aos bons costumes, e há indícios que permitem a prudente adesão com fé humana ou natural. Mesmo que autorize um culto especial, no lugar das aparições, a Igreja nada afirma quanto ao conteúdo concreto da aparição.

Se a Igreja permite a edificação de um santuário, segundo o pedido feito na aparição, a revelação particular não é o motivo determinante da construção. É apenas a circunstância ou ocasião externa que favorece a edificação. O mesmo se diga da instituição de uma festa litúrgica ou da aprovação da devoção, ambas ligadas à aparição. Nesse caso, os motivos pastorais são os que mais influenciam. Trata-se de favorecer a ação e o bem espiritual do Povo de Deus. Tais lugares se tornam centros de peregrinação, muito apreciados pelos fiéis.

A propósito, existe uma teologia da peregrinação que reflete a condição do homem como itinerante ou viajante, em busca do encontro com Deus em *lugares santos*. Fundamenta-se na Sagrada Escritura, que testemunha o fato de o israelita se pôr a caminho para ir a determinados lugares, motivado pela fé. Por exemplo: à cidade onde se conservava a Arca da Aliança, ao santuário de Betel (cf. Jz 20,18), ao santuário de Silo (cf. 1 Samuel 1,1-3), entre outros. Também Jesus, com Maria e José, peregrinou à cidade santa porque "seus pais iam todos os anos a Jerusalém para a festa da Páscoa" (Lucas 2,41). Os evangelistas confirmam as vezes que Jesus subiu ao templo de Jerusalém para participar das alegrias das celebrações religiosas.

A carta aos Hebreus dá um sentido espiritual à peregrinação dos Patriarcas, quando diz:

> Na fé, todos estes morreram, sem ter obtido a realização da promessa, depois de tê-la visto e saudado de longe, e depois de se reconhecerem estrangeiros e peregrinos nesta terra. Pois aqueles que assim falam demonstram claramente que estão à procura de uma pátria. E se lembrassem a que deixaram, teriam tempo de voltar para lá. Eles aspiram, com efeito, a uma pátria melhor, isto é, a uma pátria celestial. É por isso que Deus não se envergonha de ser chamado o seu Deus. Pois, de fato, preparou-lhes uma cidade (Hebreus 11,13-16).

Pedro também espiritualiza a peregrinação dos fiéis de Cristo, afirmando que são "peregrinos e forasteiros neste mundo" (1 Pedro 2,11). Por isso, a teologia da peregrinação cristã tende a acentuar o simbolismo de nosso itinerário definitivo para Deus. Trata-se da vida humana, cuja trajetória não termina com a morte, mas se dirige à Jerusalém celeste ou à Páscoa definitiva. São Paulo nos garante:

> Se a nossa morada terrestre, esta tenda, for destruída, teremos no céu um edifício, obra de Deus, morada eterna, não feita por mãos humanas. Quem nos dispôs a isso foi Deus, que nos deu o penhor do Espírito (2 Coríntios 5,1.5).

João Paulo II, por ocasião do Jubileu para o terceiro milênio, lembrou que a Igreja Católica é o diário vivo de uma peregrinação sem cessar. Referia-se a vários santuários cuja meta de chegada alimenta a devoção popular. Aludia também ao itinerário pessoal de ascese, de arrependimento, de vigilância de cada peregrino (cf. *Incarnationis Mysterium*, 7).

Todos os santuários são centros permanentes de evangelização dos devotos. Caracterizam-se pela expressão cristocêntrica e eclesial da fé celebrada. Alimentam a esperança nesta vida para a eternidade. Daí o ápice da peregrinação ser o encontro com Jesus Ressuscitado, que reúne a assembléia dos romeiros para a celebração eucarística.

Observa-se, em todos esses lugares de grande afluxo de fiéis católicos, o cuidado com que a Liturgia é preparada e celebrada. O Pão da Palavra e o Pão da Eucaristia, o Perdão Sacramental, as Bênçãos de pessoas e de objetos são oferecidos em um clima de acolhida e de respeito aos que se achegam. Há, portanto, uma verdadeira Pastoral da Peregrinação que começa com a preparação dos grupos em suas paróquias e comunidades.

2. As aparições de Nossa Senhora de Guadalupe

Muitos espanhóis chegaram ao México, atraídos pelas riquezas, e distribuíram entre si terras e índios. Rapidamente, as estruturas políticas, administrativas e religiosas da Europa foram implantadas ali. Em 1524, chegaram doze franciscanos, que começaram a evangelizar os astecas. Em 1526, chegaram os frades dominicanos. Em 1528, chegou o primeiro bispo, ainda não consagrado, Frei Juan de Zumárraga, franciscano.

Certo dia, no início de dezembro de 1531, dez anos após a vitória espanhola sobre o Império Asteca, disseram ao Bispo Zumárraga que um pobre indiozinho insistia em falar com ele, pois trazia um recado de uma senhora importante. Trinta anos após o ocorrido, aproximadamente em 1560, outro índio, chamado Valeriano, relatou, em sua língua, *náhualt*, o episódio. O fato comoveu os fiéis católicos. Ainda os comove. Influenciou a identidade católica e nacional do México. Projeta-se sobre toda a realidade do continente. É fonte de renovação para o catolicismo latino-americano. Estimula a nova evangelização.

Juan Diego, índio natural de Cuauhitilán, no sábado, dia 9 de dezembro de 1531, de madrugada, ao passar junto à colina de Tepeyac, ouviu um canto muito suave de pássaros. Era a Mãe de Deus que o chamava: Juanito, Juan Dieguito! Após afetuoso diálogo, ela lhe diz:

> Tu és o mais pequenino de meus filhos, e eu sou Maria, Mãe de Deus com raiz e fundamento. Desejo vivamente que se levante aqui um templo para nele eu mostrar e oferecer todo o meu amor, compaixão e proteção. Para realizar o que te peço, vai ao palácio do bispo do México e diga-lhe que eu te envio para manifestar-lhe o que muito desejo.

O índio fez o que a Senhora lhe dissera. Inclinou-se diante do bispo e lhe deu o recado. Incrédulo, o bispo respondeu: "Retorna, outra vez, que eu te ouvirei mais tarde". No mesmo dia, Juan Diego regressou aonde encontrara a Senhora, a qual o estava aguardando, e lhe narrou o fracasso da visita. A Virgem insistiu que ele voltasse e dissesse ao bispo o que ela queria.

No dia seguinte, após a missa, Juan se dirigiu à casa do bispo e chorou ao expor-lhe o desejo. O bispo, então, pediu-lhe um sinal da aparição. Desconfiado, mandou alguns servos seguirem o índio para espioná-lo. À tarde do domingo, dia 10 de dezembro, Juan Diego disse à Virgem que o bispo lhe pedira um sinal. Ela respondeu: "Está bem, meu filhinho, voltarás amanhã para que ao bispo leves o sinal que te pediu". Na segunda-feira, Juan Diego atendeu seu tio que estava enfermo.

Na terça-feira, dia 12 de dezembro, o índio foi ao encontro da Virgem, a qual lhe disse que seu tio melhoraria. Ela ordenou que ele recolhesse flores da serra, apesar de ser inverno. O índio as levou à Virgem. Ela as tomou pela mão e as colocou no colo do índio, dizendo: "Estas diversas rosas são a prova e o sinal que levarás ao bispo; tu lhe dirás que veja nelas minha vontade que deve ser cumprida".

Diante do bispo, Juan Diego estendeu o ponche, deixando cair as rosas. Nele apareceu impressa a imagem da sempre Virgem Santa Maria, Mãe de Deus, da maneira que está e se conserva ainda hoje no templo de Tepeyac, que se chama Guadalupe.

A quinta aparição foi simultânea a Juan Diego e a seu tio, Juan Bernardino. Ela curou este último e se apresentou com o nome Santa Maria de Tequatlasupe, que quer dizer "aquela que afugenta aos que nos comem" ou "aquela que esmaga a serpente de pedra". Portanto, pode significar: a Vencedora do demônio. Passou a ser conhecida como Guadalupe.

O contexto histórico dessas aparições é importante para sua compreensão. Os índios mexicanos sofriam a intolerância e a avidez dos espanhóis, que devoravam como *serpentes de pedra* sua cultura e suas terras. Eram submetidos à condição de *recomendados*, que na prática significava a de quase escravos. As estruturas sociais indígenas foram destruídas pelos invasores. O índio ocupava o último grau da nova ordem social e política, sem nenhuma possibilidade de opinar, decidir e mudar. Além disso, suas crenças também foram desqualificadas e destruídas. Eram consideradas superstição, idolatria ou coisa do demônio.

O modo como Maria fala e se apresenta como Mãe de Deus é a maneira nova de relacionar-se com o mundo cultural indígena, a ser evangelizado. Maria ensina como o bom bispo precisava inculturar a fé no contexto diferente em que se encontrava.

A Senhora aparece como filha da cultura indígena. Ela fala a língua dos astecas. Ela não vem como estrangeira e dominadora. Sente-se em casa e em paz. Ela mesma vai ao encontro do índio, na colina de Tepeyac, onde os astecas veneravam Tonanztzin, que para eles era *a mãe dos viventes*. Respeita o lugar de peregrinação que lhes era tão querido. Manifesta que gosta do lugar e até o escolhe como seu.

Ela conversa e dialoga com carinho e afeto, usando o diminutivo: Juanito e Dieguito. Ela eleva o índio à dignidade de filhinho muito amado e o faz seu embaixador junto ao bispo, a autoridade apostólica da Igreja de seu divino Filho, no México. Ela respeita o índio e se submete à vontade de Jesus, que exige a mediação eclesial. Por isso, igualmente satisfaz o desejo do bispo e lhe manda o sinal das rosas. Tudo, porém, por intermédio de seu embaixador.

Nossa Senhora ensina o bispo a receber e a ouvir o índio. Ele se torna alguém diante do bispo, um interlocutor à altura, em nome da Mãe de Deus, a excelsa. Nunca mais o índio será simples ou somente um destinatário da doutrina ou do catecismo. Ele também tem sua identidade e seus inalienáveis direitos. Com ele se achega toda a sua cultura a ser respeitada e acolhida, no que tiver de bom e de belo, e será purificada, transfigurada e elevada pela fé e pela graça. Não é sem razão que ela se apresenta vestida de índia e vencedora do demônio. Assim indicava o discernimento, pois a bondade e a beleza de qualquer cultura já são as boas e belas sementes de seu Filho.

Nossa Senhora se apresenta sendo filha do povo indígena também em todos os sinais que estão em sua imagem impressa no poncho. O próprio poncho, uma manta típica da vestimenta indígena, indica a inculturação da fé na arte e nos costumes. Há pássaros e flores colhidas na colina, fruto da nova terra. As aves e as flores eram empregadas pelos sábios astecas para darem caráter de verdadeiro a determinado acontecimento. A imagem da Virgem no poncho é iluminada e rodeada pelos raios de sol, expressão máxima da veneração dos astecas. Portanto, todos esses elementos utilizados não foram simples decoração. Tratava-se de forma exemplar de diálogo e de inculturação. Por isso, tocou profundamente a alma e o coração dos índios.

A Senhora se apresenta com uma cinta que as mulheres astecas usavam quando estavam grávidas. Vem como Parturiente, aquela que está perto de dar à luz, pois em poucos dias a comunidade católica celebraria o Natal de nosso Senhor Jesus Cristo. Ela própria se antecede à Solenidade como presente de Natal: ela e ele. Jamais seria esquecido esse seu gesto de benevolência e de ternura. A partir de então, ambos seriam bem recebidos por toda a população. Maria tinha escolhido uma casa para ela e para seu Filho, inclusive no coração dos índios.

Maria não só falou em língua indígena, mas usou um diálogo religioso excepcional para a época. Menciona Deus com as palavras: "Aquele pelo qual vivemos" e "com raiz e fundamento" e se designa como "Filha Santa Maria, Mãe do Deus verdadeiro". Tais expressões são próprias da linguagem religiosa dos astecas e foram empregadas no diálogo com Juan Diego.

Na retina da imagem permanece a figura do índio Juanito, como testemunham os estudiosos do poncho. Assim, as duas imagens se juntam e se encontram. Uma não pode ser vista sem a outra, na totalidade e no simbolismo. A própria Virgem se revestiu com a imagem da mulher asteca e quis perpetuar parte de sua história. Inclusive a história dramática da colonização.

A atitude de Maria se torna profecia. A Igreja, sem perder os traços da inculturação européia, assumiria o novo modo de ver a cultura indígena e de se perceber nela inculturada. Ela se encontraria com o Novo Mundo, contribuindo para a formação católica da América Latina. Incorporando-se nessas culturas diferentes e diferenciadas, a Igreja reconheceria outros aspectos de sua própria identidade. Houve um enriquecimento recíproco nos lugares em que o método mariano de evangelização aconteceu. O fato é que se imprimiu o substrato católico na cultura latino-americana, em todos os seus povos. Tal herança há de ser mantida e cultivada. Ninguém conseguirá retirá-la da nossa História e do coração de nossos povos.

Enfim, com a vontade expressa que se construísse um templo na colina sagrada dos astecas, a Senhora indicou um lugar de encontro com seus futuros filhos, os novos irmãos de Jesus, alguns já existentes, como o demonstram Juan Diego e seu tio Juan Bernardino. Prometeu que ali manifestaria todo o seu amor, a sua compaixão e a sua proteção. Desse modo, se põe como mãe, defensora e auxiliadora. Como não pensar e não repetir seu canto de opção pelos pobres? De fato, "agiu com a força de seu braço, dispersou os homens de coração orgulhoso, depôs os poderosos de seus tronos e exaltou os humildes" (Lucas 1,51-52).

Junto com o sinal das rosas há a cura do enfermo. As palavras ao filho doente e aflito são perguntas comoventes que brotam do coração materno:

> Não estou aqui, que sou tua mãe? Não estás sob minha sombra e guarda? Não sou eu a fonte de tua alegria? Não estás na cavidade de meu manto, nos meus braços? Tens necessidade de alguma outra coisa?

Tais indagações, sem dúvida, foram recebidas, por extensão e de modo diverso, por todos e cada um dos habitantes da sofrida América Latina. Em resposta, seus povos sempre responderam com uma devoção muito terna à Mãe dadivosa. Com efeito, cada nação latino-americana possui um centro de peregrinação mariana para o qual acorrem os fiéis católicos, pedintes ou agradecidos.

João Paulo II muito insistiu na necessidade de nova evangelização, nova nos métodos e no ardor missionário. Ele próprio foi um exemplo vivo, baseado em seu amor pelo Cristo e em sua devoção a Maria, de abertura ao mundo e às pessoas. Soube ir ao encontro de todos e em suas próprias línguas. Não precisava de tradutores. Percorreu vários caminhos, mostrando a Estrela que com sua luz aponta para todas as direções da terra.

3. A imagem de Nossa Senhora da Conceição Aparecida

A devoção dos brasileiros a Maria com o título de Aparecida tem sua origem na descoberta da pequena imagem de Nossa Senhora da Conceição, nas águas do Rio Paraíba, em outubro de 1717.

Dom Pedro de Almeida e Portugal, Conde de Assumar, Governador da Província de São Paulo e Minas Gerais, passaria pela Vila de Guaratinguetá com destino a Vila Rica, hoje Cidade de Ouro Preto. A Câmara de Guaratinguetá determinara que os pescadores se responsabilizassem pela pesca para o banquete a ser oferecido ao ilustre viajante.

Os pescadores Domingos Garcia, João Alves e Felipe Pedroso foram à procura de pescado no Rio Paraíba. Embora tivessem descido o rio, nada conseguiram. Após muitas tentativas sem sucesso, chegaram ao Porto Itaguaçu.

Tendo recolhido as redes, João Alves percebeu que havia apanhado alguma coisa. Surpresa para os três pescadores. Tratava-se do corpo de uma pequena imagem de barro cozido, sem cabeça. Lançando as redes um pouco mais abaixo, João Alves recolhe a cabeça da imagem, identificada, pela lua debaixo dos pés: é a efígie de Nossa Senhora da Conceição. A partir desse momento, a pesca foi abundante.

Da surpresa passaram à emoção, pois a descoberta da imagem, seguida de abundância de peixes, lhes sugeriu um fato milagroso. A imagem, pesando dois quilos e meio, não poderia ter sido retirada das águas com tanta facilidade, estando enterrada no lodo e no fundo do rio. Como poderia a cabeça, com peso absolutamente inferior, ter-se mantido tão próxima do corpo, sem ter sido levada para longe pela correnteza? Como poderia ter sido encontrada logo a seguir? Se não houvesse o testemunho unânime dos três e o testemunho da imagem, pareceria *história de pescador*. Chamaram-na com propriedade: Nossa Senhora da Conceição Aparecida.

A imagem ficou com a família de Felipe Pedroso, que a levou para casa. A família construiu um oratório, e as pessoas da vizinhança se reuniam em torno da imagem aparecida para rezar. Certa vez, duas velas se apagaram por si próprias durante a recitação do terço. No dia seguinte, Silvana da Rocha quis acendê-las. Porém, elas se acenderam por si mesmas. A partir desse sinal das velas, a imagem deixou de pertencer à família de Felipe Pedroso. Tornou-se propriedade de todos os devotos brasileiros, que começaram a acorrer, para visitá-la, cada vez em maior número.

Diante do afluxo dos fiéis, o vigário de Guaratinguetá construiu uma capela, no alto do Morro dos Coqueiros, inaugurada no dia 26 de julho de 1745. Em 1834, foi iniciada a construção da atual Basílica Velha, que também se tornou pequena. Para acolher os milhares de peregrinos, foi necessário edificar a Basílica Nova, cuja construção teve início em 11 de novembro de 1955. São tantos os romeiros, que a Conferência Nacional dos Bispos do Brasil declarou, em 1984, a Basílica como Santuário Nacional. Há algum tempo ela ostenta o título de maior Santuário Mariano do Mundo, não só em tamanho, mas também em número de romeiros. Todo dia 12 de outubro, durante as solenidades da Padroeira, o Santuário recebe cerca de cem mil peregrinos do imenso Brasil.

A imagem durante anos ficou exposta ao picumã das chamas de velas e dos candeeiros, que a escureceram. Daí, a cor de canela que a bronzeia. No entanto, sua negritude foi notada e acentuada por outras razões. Era o tempo da escravidão negra no Brasil. Conta-se que um dos primeiros milagres atribuídos à invocação da Aparecida foi as correntes que se soltaram das mãos de um escravo, amarrado no tronco, quando lhe pedia socorro: "Valei-me, Nossa Senhora Aparecida!". O Padre Claro Francisco de Vasconcelos mencionou tal prodígio pela primeira vez em 1828. O povo fez logo a relação entre a cor da imagem e a situação do negro brasileiro. Então, Maria se tornou Nossa Senhora do Brasil de todas as raças e procedências, a Mãe Negra e a Virgem Morena de todos.

A princesa Isabel, que assinou a Lei Áurea abolindo a escravatura no Brasil e por isso ganhou do Papa Leão XIII a rosa de ouro, ofereceu uma coroa de ouro e o manto azul-marinho, em 1884. Após a queda da monarquia, em 1889, e a proclamação de Nossa Senhora da Conceição Aparecida como Rainha do Brasil e sua Padroeira Oficial, por determinação do Papa Pio XI, a realeza e a coroa de fato passaram, na simbologia popular, para Maria.

É claro o sentido de unidade nacional católica e de união social entre as diferenças para as quais o simbolismo da imagem aponta. Aparece quebrada e sem a cabeça em tempo que a Nação se dividia entre escravos e livres, negros, mestiços e brancos, nobres e plebeus; a injusta divisão entre a classe governante com os detentores de bens e a massa da população simples e carente, em parte iletrada e sempre à margem das decisões. A cabeça precisava se unir ao corpo! Mesmo a Proclamação da República foi um ato autoritário, vindo de cima, sem a participação popular. Os republicanos não conseguiram até hoje superar a desigualdade social, que gera a exclusão de tantos brasileiros.

Durante o Regime de Exceção, no divórcio entre a Nação e o Governo, em que a frágil paz social se firmava na ideologia da segurança nacional contra a subversão dos comunistas e a reivindicação dos democratas pelas liberdades, em meio à censura e à tortura, até setores da própria Igreja se desuniram. Havia brasileiros presos e exilados por razões políticas. Não sem razão, um homem desvairado apanhou a imagem e a jogou no chão para espatifá-la. Pela insanidade dele, a Mãe Rainha chama seus filhos à reflexão. Qual o verdadeiro sentido da imagem a ser reconstituída?

A Nação se comoveu. À semelhança da Pátria, a imagem se quebrara. Era preciso repará-la. Sobretudo, era necessário reconstruir a imagem real da Pátria como nossa *mãe gentil*. Coube à artista plástica Maria Helena Chartuni, com sua sensibilidade feminina e sua competência profissional, reconstituir a imagem, que depois foi entregue novamente à veneração dos filhos de Maria, irmãos de Jesus, para a alegria de todos. Cabe ao povo brasileiro construir a própria cidadania na verdade e na justiça, e às autoridades cuidar do bem comum. A construção da Nação é obra dinâmica. Está sempre se fazendo e sempre por fazer.

A imagem tem estilo, embora seja simples e frágil. É de argila. Os lábios sorriem. O queixo é encastoado. Possui uma covinha no centro. Os cabelos estão penteados. Um broche com três pérolas enfeita-lhe a testa. O porte é empinado para trás. O manto azul-marinho, bordado com as bandeiras do Brasil e do Vaticano, e a nova coroa de ouro lhe dão o toque de elegância que faltava. Ela é singela e graciosa. Repleta de poesia. De fato, recorda-nos o Cântico dos Cânticos: "Sou morena, mas formosa" (Cântico 1,5); "Não olheis eu ser morena, foi o sol que me queimou" (Cântico 1,6). "Como és bela, a minha amada, como és bela!" (Cântico 1,15): quem em resposta não diria?

A beleza de Maria resplandece no título de Conceição, a Imaculada, e na saudação: cheia de graça. Brilha tanta formosura por suas virtudes humanas e evangélicas. A beleza é também sua bondade para com aqueles que a ela recorrem em suas necessidades. A beleza é igualmente sua ternura que consola os aflitos e recebe os pecadores. A beleza tem algo de especial, bem ao gosto do brasileiro: ele se sente em Aparecida na casa da Mãe com toda a familiaridade. Quem sai de sua própria casa em romaria diz sempre que vai visitar Nossa Senhora e traz de volta consigo uma lembrancinha.

Em Aparecida, Maria se torna Estrela da Evangelização, porque toda a atividade dos Padres Redentoristas é voltada para o anúncio da Palavra e a celebração da Eucaristia, a oferta do perdão sacramental e a catequese sobre o sentido verdadeiro da Igreja reunida: assembléia do Povo de Deus, comunhão do Corpo de Cristo e edificação do templo do Espírito Santo.

Conclusão

Maria tem um papel relevante na obra de evangelização, através da devoção popular, especialmente mediante as aparições e as revelações particulares. Exemplos importantes dessa sua função de educadora na transmissão da fé são os Santuários Marianos de Guadalupe e Aparecida, entre outros. São locais de pregação da Palavra de Deus e da celebração do culto divino.

O Papa Bento XVI nos tem lembrado que a Igreja existe nas pessoas. De fato, somos o Povo de Deus, em marcha, nos caminhos da História. Cada membro do Corpo de Cristo também caminha, pessoalmente, no itinerário da própria vida de fé. As peregrinações ou romarias são sinais dessa Igreja viva que avança na companhia de Jesus e de Maria até a casa definitiva do Pai.

Questionário

1. Por que Maria é chamada de Estrela da Evangelização?

2. Descreva os elementos do método de evangelizar proposto por Maria em Guadalupe.

3. O que nos diz a imagem de Nossa Senhora Aparecida?

4. Comente a frase: A romaria é expressão da Igreja viva a caminho.

Oração

Ó Mãe e Senhora de todos os povos e de todas as raças, desde a primeira evangelização da América Latina, vós estivestes presente como parte integrante do anúncio do Evangelho de vosso Filho.

Vós fostes acolhida como Mãe de Deus pelos povos que aceitaram a Jesus como seu Salvador.

Manifestai-vos como Mãe e Intercessora de todos aqueles que, confiantes, a vós recorrem.

Em Guadalupe, quisestes vos mostrar Estrela da Evangelização dos habitantes do Novo Mundo.

Não permitais que esqueçamos nossas raízes cristãs e católicas.

Fazei-nos fiéis a Cristo, à semelhança de nossos primeiros missionários e mártires, que impregnaram nossas terras com o testemunho do próprio sangue.

Ó Mãe, Padroeira e Rainha do Brasil, nós vos saudamos como Nossa Senhora da Conceição Aparecida.

Protegei nossa Nação.

Abençoai a Igreja na Pátria.

Tornai-nos autênticos discípulos de vosso Filho.

Ajudai-nos a evangelizar o Brasil.

Tornai nossa Igreja mais participante.

Fortalecei nossos vínculos familiares.

Consolai os aflitos.

Curai os doentes.

Libertai os prisioneiros.

Inflamai a nossa fé.

Acendei o nosso amor.

Sustentai a nossa esperança.

Dai-nos vosso Jesus!

Amém.

Consideração final

Bento XVI, ao reafirmar o valor teológico e litúrgico da beleza, na Exortação *Sacramento da Caridade*, finaliza com uma referência especial a Maria. Chama-a com o título que lhe dá a Liturgia Católica: *Tota Pulchra!* Quer dizer: "toda bela e formosa". Tal beleza significa que, em Maria, resplandece a glória de Deus (cf. *Sacramentum Caritatis*, 96), segundo as Escrituras, e é confirmada pela Tradição viva da Igreja. A beleza da intimidade de Maria com o Mistério divino se expressa em sua linda existência: ela é toda de Deus. Por isso, é também nossa mestra de vida cristã.

O Papa nos lembra que ela é nossa mestra, no modo de cultuar a Deus, especialmente na Liturgia Eucarística. É o "espelho fiel da beleza da liturgia celeste que deve se refletir nas nossas assembléias", quando nos reunimos para celebrar a Eucaristia. Portanto, de Maria também nós aprendemos a nos tornar pessoas eucarísticas" e, conseqüentemente, "eclesiais" (*Sacramentum Caritatis*).

A espiritualidade mariana também é bela, em tantas formas e meios de sua expressão: na Liturgia e na devoção. Tudo de bom e de belo que é feito para Maria é oferecido também a Jesus, por seu intermédio materno. Provém do mesmo Amor: o Espírito Santo que habita em nós, desde nosso Batismo. Pelo Espírito Santo que vem do Pai, a bondade dos nossos afetos se une à beleza dos nossos gestos para louvar a Mãe, venerável, e o Filho, adorável.

Sendo Mãe, ela nos acolhe como irmãos de seu Filho Jesus, na única família de Deus. Faz-nos olhar, desde o cântico do *Magnificat*, para os mais humildes e pobres, como seus preferidos. Assim, promove em nós a íntima relação entre a bondade e a beleza, que salvam o mundo da insensibilidade para com os fracos e frágeis. Muitos, de seu "vale de lágrimas", clamam por socorro e consolação à Mãe e Rainha.

Que a bondade e a beleza de Maria nos façam melhores e mais solidários, segundo o ensinamento de Jesus, nosso Mestre e Senhor! É belo e agradável aos olhos de Deus ser bom e ser bondoso!

Fontes de consulta

Obras em geral

BARBALHO, Giuseppe; FABRIS, Rinaldo; MAGGIONI, Bruno. Os Irmãos de Jesus. In: *Os Evangelhos*. São Paulo, Loyola, 1990. v. 1, pp. 458-459.

BRIÈRE, Jean. Arca da Aliança. In: LEON-DUFOUR, Xavier (dir.). *Vocabulário de Teologia Bíblica*. Petrópolis, Vozes, 1972. col. 74-76.

BRUSTOLONI, Júlio. *A Mensagem da Senhora Aparecida*. Aparecida (SP), Santuário, 1994.

DECKER, Carlos. *La Iglesia, una mirada a su historia*. II. La fe llega a América. Santiago, Andes, 1984. pp. 79-88.

MOLL, X. Peregrinaciones. In: ANCILLI, Ermanno. *Diccionario de espiritualidad*. Barcelona, Herder, 1984. t. 3, col. 146-147.

OTT, Ludwig. Tratado de la Madre del Redentor. In: *Manual de Teología Dogmática*. Barcelona, Herder, 1986. pp. 309-338.

SCHILLEBEECKX, Edward. As aparições de Nossa Senhora e seu lugar na vida religiosa popular. In: *Maria, Mãe da Redenção*. Petrópolis, Vozes, 1966. pp. 102-112.

SCHMAUS, Michael. Maria, a Plenamente Redimida. In: *A fé da Igreja*; justificação do indivíduo e escatologia. Petrópolis, Vozes, 1981. v. 6, pp. 114-147.

Documentos da Igreja

Sacrosanctum Concilium, Constituição Conciliar.
Lumen Gentium, Constituição Conciliar.
Marialis Cultus, Exortação Apostólica de Paulo VI.
Redemptoris Mater, Encíclica de João Paulo II.
Rosarium Virginis, Carta Apostólica de João Paulo II.
Incarnationis Mysterium, Bula Pontifícia de João Paulo II.
Sacramentum Caritatis, Exortação Pós-Sinodal de Bento XVI.
Catecismo da Igreja Católica.